ASAHI SENSHO

朝日選書 797

競争やめたら学力世界一

フィンランド教育の成功

福田誠治

朝日新聞出版

もくじ

図表作成／鳥元真生

は北欧の福祉国家

フィンランド共和国（Republic of Finland）

●面　積　33.8万km²（日本の約9割）。国土の4分の1は北極圏内。68％が森林、10％が湖沼。湖の数は18万8000。
●人　口　約524万人（2004年末）。
●首　都　ヘルシンキ（約56万人、2004年末）。「バルト海の乙女」の愛称を持つ。
●公用語　フィンランド語とスウェーデン語。
●宗　教　キリスト教ルター派とフィンランド正教。
●歴　史　1917年にロシアより独立。1919年に日本との外交関係樹立。1995年にＥＵ加盟。
●政　体　共和制。議会は一院制200議席。タルヤ・ハロネン現大統領はフィンランド初の女性の大統領（2006年5月現在）。
●通　貨　ユーロ。
●軍　事　18歳以上の男子に兵役。
●環　境　5月中旬〜7月中旬は日の沈まない白夜。オーロラは8月末〜4月初めまで見ることができる。2005年度世界経済フォーラムの環境維持可能性指数で146か国中、第1位。2003年度の国連世界水開発レポートでは、「世界一水がきれい」と評価された。
●サンタクロース、ムーミンでも知られる。

競争やめたら学力世界一
フィンランド教育の成功

福田誠治

はじめに

　この一〇年で、ヨーロッパを中心にして先進国の学力観は、知識中心から思考力中心へ、社会に出て実際に使える能力へと転換してきている。現代では知識や技術は速いスピードで変化しており、知識や技能は学校を卒業してからでも、一生を通じて学ぶものになっている。そこで一生涯かけて学ぶための力、いわゆる学習力を社会に出る前につけさせることが学校教育の目的となる。フィンランドはこの変化をじつにうまく乗り切ったといえよう。しかもその成果が経済の発展に効果的に反映されており、現在、世界から注目されているというわけである。

　ところが日本では、いまだに子どもは競争させられ、試験のために勉強し、試験が終われば忘れてしまうような知識を大量に詰め込んでいる。高校や大学に入学することが目的となり、入学したとたんに勉強しなくなるというような有様である。しかも、点の取りやすい教科の勉強に精を出している。そのうえこのような体制が、教師や学校を競争させることでより強化されようとしている。学力観は古いままだ。受験でしか通用しないような多くの知識を、日本でしか通用しない偏差値によって測っているというのだ。しかも人生への準備を欠いて社会に出ようとしない若者たちも多く、「ニート」だ、「引きこもり」だと、大人たちはその対策に頭を痛めている。日本は、イギリスやアメリカから「競争」という側面だけを学び、「何を」学ぶのかについての論議をおろそかにしているということだろう。

じつは日本でも新しい学び方を広めるために、「ゆとり教育」とか「総合的な学習」が設定されたのだが、知識中心の学力観やテスト体制に阻まれて実現していない。日本の教育行政は、いったんは「追いつけ・追い越せ型」の教育から、思考力や創造性、個性重視の教育へと転換しようとした。マスコミも「知育偏重」とか「偏差値人間」といって、受験制度・受験学力を批判するキャンペーンを張っていた。ところがいまや、日本ではむしろ訓練的学力観に先祖返りしつつあるような状況である。予備校の教師を見習えという転倒した論まで横行する有様である。競争力をつけたいと思っているのに、これでは世界の動きに乗り遅れてしまうであろう。すでにヨーロッパでは国境が消滅する方向に向かっており、世界中で国境を越えて労働力が移動する時代に入っている。日本の子どもたち、若者たちは、国際化されつつある世界の中で安心して生きていけるのであろうか。

フィンランドは、経済協力開発機構（ＯＥＣＤ）が実施した二度の国際学力調査（ＰＩＳＡ：Programme for International Studennt Assessment）においてトップクラスの成績を上げ、いまや「学力世界一」と目されている国である。二〇〇五年には、世界中からたくさんの教育視察団や授業参観者が後を絶たず、政府機関が三度もの国際シンポジウムを開催したほどである。多くの訪問者は、フィンランドでは何か特別学校や特別クラスを作って、テスト対策に勤《いそ》しんでいるのではないかと予想してやって来る。だが、訪問者たちが目にする光景は、授業中に立って歩いたり、ソファーで休んでいる子もいたりする、なんとものんびりした授業なのだ。義務教育期間である一六歳までは、他人と比較するためのテストも競争もないという。

フィンランドは一九八五年、国を挙げて習熟度別編成授業を中止した。習熟度別編成は「できる子」にとりたててよい影響を与えず、「できない子」にとっては何らプラスにならないと分析し、統合学級、フィンランドの教育学でいう「異質生徒集団」方式に取り替えたのである。それはいってみれば、平等を推進し、競争を排除する教育方法をとることにしたのである。だが、これは厳しい選択だ。学習動機を形成するために、テストの点数や競争という手段を使用できないからだ。

フィンランドの教育の特徴は、ひとことで言えば、「いやがる者に強制しない」ということだ。あの手この手で促しはするけど、本人のやる気が起きるまで待つのである。

フィンランドでは、

「人間というものは、もともと興味・関心を持っていて、自ら学んでいくものだ」

という信念とともに、

「強制すれば、本来の学習がぶち壊しになってしまい、教育にならず、かえってマイナスだ」

という判断を多くの大人たちが持っているようだ。

そして、教師というプロが適切な時機に適切な援助を与えられるように待機し、その教師が最も活動しやすいように親も社会も協力しているわけである。

この土台には、学力を社会に出てから活きてくるものととらえ直し、教育の目標を遠くに定めて育てていく教育観がある。

二〇〇五年三月、一〇月、一二月と、フィンランド教育組合[1]でのインタビューの通訳をしていただいたのは、フィンランド在住歴の長い菊川由紀さんである。彼女は、二〇〇五年一月のこと、自分の受け持ちの日本語教室の高校生に「なぜPISAで高成績だったと思うか」とたずねてくれた。

「それはきっと、僕たちフィンランド人の性格というか、気質というか物理的な面じゃなく精神的な内面的な気質によると思う」

「人口は少ないし、自然は厳しいし、暗いし寒いし、刺激は少ないし、だから自分のやりたいことややろうと思うことは、自分で克服して、自分自身で取り組んで対応していかないと、この国では生きていけないし」

と答えたそうだ。これを聞いて菊川さんは、

「なんとなく漠然と、しかし一生懸命に説明してくれる彼の話を聞いていると、自分が個人として生きていくために勉強して道を決める、そういう生き方への考え方がちゃんと親から子へと受け継がれているのだと実感しました。学校での教育だけではなくて、親から子へ伝えていく『生き方』の手引きがあるのだと」

と伝えてきた。教育の原点が見えてくるような気がする。

競争しないでも、子どもが自ら進んで勉強するというのは、ほとんどの日本人にはまず信じられない。まるで嘘か、それともだまされているのだと考えるのが普通の反応である。しかし、フィンランドでは実際にそうなっており、しかも成績も良く、経済も発展していて、社会も落ち着いている。いったいこれは何だ？

「自分で学べ。うまく学べないときには援助する」

というフィンランドの教育学は、どうやって生まれてきたのだろうか。なぜ、家庭も学校も行政も社会全体がそれを実行しているのだろうか。

フィンランドの教育が優れた成果を上げていると評されるのは、世界の動き、とりわけヨーロッパの先進工業国の中で産業の変化にうまく対応した学力を保障したからであろう。本書では、フィンランドの教育の原理をいくつかの側面から検討しながら、なぜフィンランドの子どもたちは自ら進んで学ぶのか、フィンランドの教育がなぜ世界の動きの中でよく機能しているかを考えてみる。

フィンランドの教育がにわかに脚光を浴びる中、拙著『競争しなくても世界一―フィンランドの教育』（アドバンテージサーバー、二〇〇五年六月）は、日本で最初にフィンランドの教育を制度・原理面から紹介した手軽なブックレットとして大好評をいただいた。しかし、一般の書店で簡単に入手できないものとなっている。そこで、さらに多くの人々に読んでいただくために、加筆・修正したのが本書である。

1　ＰＩＳＡの測った学力

フィンランドの子どもたちは明るく元気だった。休み時間は、とにかく外に出るように促される。校舎はたいてい二階建てで、子どもたちはすぐ外に飛び出していく。

「『生徒はそれぞれ異なって生まれてくる。何人かは賢く生まれ、それ以外は生まれながらに頭が悪いのだ。生徒がどう生まれてきたかは大きく異なり、その問題と取り組むのはわれわれの責任ではない。生まれつきの問題なのだ』と考える人がいます。しかしわれわれの調査結果は、それが事実でないことをはっきりと示しています[1]」（アンドレア・シュライヒャーOECD教育局指標分析課長）

高い学力は生まれながらではなく、教育環境を整えることで保障されるのである。ではどのように？

日本の国際学力は

二〇〇四年の師走のことである。大きな国際学力テストの成績が、世界中で相次いで公表された。ひとつはOECD「生徒の学習到達度調査」（PISA2003）、今ひとつは「国際数学・理科教育動向調査」（ＴＩＭＳＳ２００３）である。先に発表されたＰＩＳＡのうち、日本の読解力が八位から一四位に低下したことに注目が集まり、マスコミはいっせいに「学力低下」と報じた。時の文部科学大臣もこれに呼応し、国民に学力競争を訴えるという始末であった。

まず、よく目にする順位表を確認しておこう（表1-1、1-2）。ＰＩＳＡの成績では、読解力の落ち込みは目立つにしても、ほかの領域では日本は上位にある。しかも、日本は人口一億人規模で上位にある珍しい国なのである。一方、ＴＩＭＳＳの結果を見てみよう（表1-3、1-4）。ＴＩＭＳＳによると、とりたてて数学の学力低下は起きていない。国際学力調査を見る限り、読解力を除いて、平均点では日本の学力は高いといえる。この点、「低学力」を批判した人たちの判断は誤っていることになる。また、そういった人たちが理想とする実力主義と競争社会の国[2]、アメリカとイギリスは、日本よりずっと低学力である。

同時に行われた生活実態調査では、ＰＩＳＡによると、授業以外の勉強時間が日本では週平均六・五時間でＯＥＣＤの平均の八・九時間より短い。ＴＩＭＳＳによると、宿題をする時間は、小学四年生では一日平均〇・九時間で国際平均の一・四時間に比べて短い。また中学二年生では一・〇時間と、調査した四六か国中もっとも少ない。テレビを見る時間は、小学四年生では一日平均二・〇時間と国際平均の一・七時間よりも多く、中学二年生になると二・七時間にもなり、四六か国中最大である。

勉学意欲については、日本の子どもたちは、国際的にも評価の高い、得意な数学をとってみてもかんばしくない。ＴＩＭＳＳによると、中学二年生の場合、「数学の勉強が楽しいか」の設問に対し、強く

表1-1　2000年PISA調査（PISA2000）における読解力、数学的リテラシー及び科学的リテラシーの平均得点の国際比較

順位	総合読解力	得点	数学的リテラシー	得点	科学的リテラシー	得点
1	**フィンランド**	546	**日本**	557	韓国	552
2	カナダ	534	韓国	547	**日本**	550
3	ニュージーランド	529	ニュージーランド	537	**フィンランド**	538
4	オーストラリア	528	**フィンランド**	536	イギリス	532
5	アイルランド	527	オーストラリア	533	カナダ	529
6	韓国	525	カナダ	533	ニュージーランド	528
7	イギリス	523	スイス	529	オーストラリア	528
8	**日本**	522	イギリス	529	オーストリア	519
9	スウェーデン	516	ベルギー	520	アイルランド	513
10	オーストリア	507	フランス	517	スウェーデン	512
11	ベルギー	507	オーストリア	515	チェコ	511
12	アイスランド	507	デンマーク	514	フランス	500
13	ノルウェー	505	アイスランド	514	ノルウェー	500
14	フランス	505	リヒテンシュタイン	514	アメリカ	499
15	アメリカ	504	スウェーデン	510	ハンガリー	496
16	デンマーク	497	アイルランド	503	アイスランド	496
17	スイス	494	ノルウェー	499	ベルギー	496
18	スペイン	493	チェコ	498	スイス	496
19	チェコ	492	アメリカ	493	スペイン	491
20	イタリア	487	ドイツ	490	ドイツ	487
21	ドイツ	484	ハンガリー	488	ポーランド	483
22	リヒテンシュタイン	483	ロシア	478	デンマーク	481
23	ハンガリー	480	スペイン	476	イタリア	478
24	ポーランド	479	ポーランド	470	リヒテンシュタイン	476
25	ギリシャ	474	ラトビア	463	ギリシャ	461
26	ポルトガル	470	イタリア	457	ロシア	460
27	ロシア	462	ポルトガル	454	ラトビア	460
28	ラトビア	458	ギリシャ	447	ポルトガル	459
29	ルクセンブルグ	441	ルクセンブルグ	446	ルクセンブルグ	443
30	メキシコ	422	メキシコ	387	メキシコ	422
31	ブラジル	396	ブラジル	334	ブラジル	375
注	日本は2位グループ		日本は1位グループ		日本は1位グループ	

表1-1、2とも、
＊文部科学省ホームページ『PISA（OECD生徒の学習到達度調査）2003年調査』。
＊注は文部科学省による。
＊表1-2の注「有意差あり」とは、誤差の範囲を超えて明らかな差があること。
＊香港やオランダなどの新規参入によって日本の順位は下がっているが、上位グループに入っている。だが、「読解力」がたいへん弱い。

表1-2　PISA2003における平均得点の国際比較

順位	数学的リテラシー	得点	読解力	得点	科学的リテラシー	得点	問題解決能力	得点
1	香港	550	**フィンランド**	543	**フィンランド**	548	韓国	550
2	**フィンランド**	544	韓国	534	**日本**	548	香港	548
3	韓国	542	カナダ	528	香港	539	**フィンランド**	548
4	オランダ	538	オーストラリア	525	韓国	538	**日本**	547
5	リヒテンシュタイン	536	リヒテンシュタイン	525	リヒテンシュタイン	525	ニュージーランド	533
6	**日本**	534	ニュージーランド	522	オーストラリア	525	マカオ	532
7	カナダ	532	アイルランド	515	マカオ	525	オーストラリア	530
8	ベルギー	529	スウェーデン	514	オランダ	524	リヒテンシュタイン	529
9	マカオ	527	オランダ	513	チェコ	523	カナダ	529
10	スイス	527	香港	510	ニュージーランド	521	ベルギー	525
11	オーストラリア	524	ベルギー	507	カナダ	519	スイス	521
12	ニュージーランド	523	ノルウェー	500	スイス	513	オランダ	520
13	チェコ	516	スイス	499	フランス	511	フランス	519
14	アイスランド	515	**日本**	498	ベルギー	509	デンマーク	517
15	デンマーク	514	マカオ	498	スウェーデン	506	チェコ	516
16	フランス	511	ポーランド	497	アイルランド	505	ドイツ	513
17	スウェーデン	509	フランス	496	ハンガリー	503	スウェーデン	509
18	オーストリア	506	アメリカ	495	ドイツ	502	オーストリア	506
19	ドイツ	503	デンマーク	492	ポーランド	498	アイスランド	505
20	アイルランド	503	アイスランド	492	スロバキア	495	ハンガリー	501
21	スロバキア	498	ドイツ	491	アイスランド	495	アイルランド	498
22	ノルウェー	495	オーストリア	491	アメリカ	491	ルクセンブルグ	494
23	ルクセンブルグ	493	ラトビア	491	オーストリア	491	スロバキア	492
24	ポーランド	490	チェコ	489	ロシア	489	ノルウェー	490
25	ハンガリー	490	ハンガリー	482	ラトビア	489	ポーランド	487
26	スペイン	485	スペイン	481	スペイン	487	ラトビア	483
27	ラトビア	483	ルクセンブルグ	479	イタリア	486	スペイン	482
28	アメリカ	483	ポルトガル	478	ノルウェー	484	ロシア	479
29	ロシア	468	イタリア	476	ルクセンブルグ	483	アメリカ	477
30	ポルトガル	466	ギリシャ	472	ギリシャ	481	ポルトガル	470
31	イタリア	466	スロバキア	469	デンマーク	475	イタリア	469
32	ギリシャ	445	ロシア	442	ポルトガル	468	ギリシャ	449
33	セルビア・モンテネグロ	437	トルコ	441	ウルグアイ	438	タイ	425
34	トルコ	423	ウルグアイ	434	セルビア・モンテネグロ	436	セルビア・モンテネグロ	420
35	ウルグアイ	422	タイ	420	トルコ	434	ウルグアイ	411
36	タイ	417	セルビア・モンテネグロ	412	タイ	429	トルコ	408
37	メキシコ	385	ブラジル	403	メキシコ	405	メキシコ	384
38	インドネシア	360	メキシコ	400	インドネシア	395	ブラジル	371
39	チュニジア	359	インドネシア	382	ブラジル	390	インドネシア	361
40	ブラジル	356	チュニジア	375	チュニジア	385	チュニジア	345
注	日本は1位グループ		日本はスウェーデン以上と有意差あり		日本は1位グループ		日本は1位グループ	

表1-3　TIMSSにみる数学の成績（中学2年生）
最近3回の調査に連続して参加した18か国の比較

TIMSS1995（平均点）		TIMSS1999		TIMSS2003	
シンガポール	609	シンガポール	604	シンガポール	605
韓国	581	韓国	587	韓国	589
日本	**581**	香港	582	香港	586
香港	569	**日本**	**579**	**日本**	**570**
ベルギー（フラマン語圏）	550	ベルギー（フラマン語圏）	558	ベルギー（フラマン語圏）	537
スロバキア	534	オランダ	540	オランダ	536
オランダ	529	スロバキア	534	ハンガリー	529
ハンガリー	527	ハンガリー	532	ロシア	508
ブルガリア	527	ロシア	526	スロバキア	508
ロシア	524	ブルガリア	511	ラトビア	505
ニュージーランド	501	ラトビア	505	アメリカ	504
イギリス	498	アメリカ	502	リトアニア	502
アメリカ	492	イギリス	496	イギリス	498
ラトビア	488	ニュージーランド	491	ニュージーランド	494
ルーマニア	474	リトアニア	482	ブルガリア	476
リトアニア	472	キプロス	476	ルーマニア	475
キプロス	468	ルーマニア	472	キプロス	459
イラン	418	イラン	422	イラン	411

表1-4　算数同一問題の正答率の変化（小学4年生）

	TIMSS1995	TIMSS2003
シンガポール	81.7	85.7
香港	77.0	78.6
日本	**76.8**	**76.7**
オランダ	75.3	76.2
アメリカ	70.3	74.3
イギリス	62.8	72.5
ラトビア	67.3	71.4
……	……	……

表1-3、4とも、
＊文部科学省ホームページ『国際数学・理科教育動向調査の2003年調査（TIMSS2003）』付表1-3、1-6。
＊アジアの国々は理数系に強い。日本の数学の学力は横ばいだが、上位で、目立ったほどの学力低下ではない。

そう思う者は日本では九％であり、国際平均の二九％よりもきわめて低い。また、「希望の職業に就くために数学は必要か」については、強くそう思う、あるいはそう思うと答えた者は日本では四七％であり、国際平均の七三％よりもきわめて少ない。「数学の勉強への積極性」の高いレベルの者は日本では一七％しかなく、国際平均の五五％に比べて三分の一ほどである。

日本の子どもたちは家庭で勉強しないわりには成績がよい。また、勉学意欲も低いにもかかわらず、不本意ながらも短時間で効率よく勉強し、平均点では好成績をあげている。これらの結果からすると、これまでの日本の学校教育の成果、したがって、日本の教師の努力の成果は高いといえよう。日本のマスコミは、まず、日本の学校と教師の快挙をほめたたえるべきであった。もしここで、日本の学校の良さを壊して、教育を競争主義の市場原理に委ねるならば、アメリカ並の低学力しか約束されないだろう。このことは、国際データがはっきりと示している。

いくつかの国際学力調査

現在行われている国際学力調査には、まず国際教育到達度評価学会（IEA）の実施する、「国際数学・理科教育動向調査」（TIMSS）がもっとも伝統あるものである。また、近年有名になったものとして経済協力開発機構（OECD）が実施する「生徒の学習到達度調査」（PISA）がある。

TIMSSは、一九六〇年創設のIEA（本部はオランダのアムステルダム）が、一九六四年より実施しているもので、国際学力調査としては長い実績がある。実施本部は、ボストンカレッジの国際研究センターが担当している。日本は、第一回調査（数学は一九六四年、理科は一九七〇年）から参加している。なかでも、一九九五年の第三回調査（TIMSS1995）と一九九九年の第三回・追調査（TIMSS1999）、それに最近の二〇〇三年調査（TIMSS2003）に小・中学生とも連続して参加している。調査対象者は、第四学年と第八学年で、連続して三度とも調査に加わったのは、二三の国と地域である。また、最近のTIMSS2003では、第四学年調査に二五、第八学年調査に四六の国と地域が参加している。日本では、一五〇の小学校と四五三五人の小学生、一四六の中学校と四八五六人の中学生が、この調査対象となった。

PISAは、一五歳児を対象として学力と生活実態（学習の背景）を調査するもので、二〇〇〇年から三年ごとに実施されている。二〇〇〇年七月に高校一年生五二五六人、二〇〇三年七月には高校一年生四七〇七人が参加している。PISAは生活態度なども調査するので、「学習到達度調査」よりは「学力実態調査」と訳したほうが理解しやすいだろう。

さて、PISAの設問は、読解力（reading literacy：読解リテラシー）、数学的リテラシー（mathematical literacy）、科学的リテラシー（scientific literacy）の三領域で設計されており、二〇〇三年より問題解決能力（problem solving）が加わった。さらに実施年により、三領域の一つずつをとくに詳しく調査することになっており、二〇〇〇年は読解力を、二〇〇三年は数学的リテラシーを調査したが、二〇〇六年には科学的リテラシーを詳細に扱う予定である。これで一サイクルまわって調査は完了することになるが、その後も継続される見通しである。

表1-5　国際学力調査一覧

調査機関	調査名称	調査対象
国際教育到達度評価学会 (IEA : International Association for the Evaluation of Educational Achievement)	国際数学・理科教育動向調査 (TIMSS : 以前は Third International Mathematics and Science Study などと回数で名称を付けていたが、4回目以降は同じ略字でも Trends in International Mathematics and Science Study と名前が変わった)	教科は算数・数学と理科 4年生と8年生を対象(日本では小学4年生と、中学2年生) 1964年(算数・数学)と、1970年(理科)より実施 1995年から4年ごと実施
	国際読解力到達度調査 (PIRLS: Progress in International Reading Literacy Study)	小学生。2001年35カ国参加。以後5年ごと実施 日本は参加せず
アメリカ合衆国教育省教育学研究所	市民性教育調査 (CivED: Civic Education Study)	アメリカ9年生。1999年には28カ国参加
経済協力開発機構 (OECD : Organization for Economic Cooperation and Development)	生徒の学習到達度調査 (PISA : Programme for International Student Assessment)	15歳対象 義務教育修了時の学力実態 2000年より3年ごと実施
	国際成人識字調査 (IALS : International Adult Literacy Survey)	16歳から65歳までの成人の識字能力調査。1994、1996、1998年の間に、20か国が参加
「教育テスト機構」 (Educational Testing Service)	成人識字・生活技能調査 (ALL: Adult Literacy and Lifeskills Survey)	16歳から65歳までの成人の技能(skills)や態度(attitudes)。普通文と報告書の識字(prose and document literacy)、計算力(numeracy)、理論付け・問題解決能力(reasoning/problem solving)、チームワークと情報リテラシー(ICT literacy)の4領域で設計。18か国が参加を表明。2003年にバミューダ、イタリア、スイス、カナダ、アメリカの6か国で実施

＊ ICT=Information and Communication Technology(情報・通信技術)

表1-6　日本で実施された全国的・国際的学力調査

実施年月	学力調査・対象学年・対象教科
1956 ～1966年度	全国学力調査。小:国語、社会、算数、理科。年度によっては、音楽、図画工作、家庭科を加える。中：国語、社会、数学、理科、英語。年度によっては、技術・家庭科を加える。高:国語、社会、日本史、人文地理、数学、物理、化学、生物、地学、英語、保健・体育のうち、年度によって1～5教科。1961～64年度は、悉皆調査。
1964年 1970年	TIMSS（第1回調査） 数学（1964年、中1のみ)、理科（1970年、小5、中3）
1981年2月 1983年5月	TIMSS（第2回調査） 数学（1981年、中1のみ)、理科（1983年、小5、中3）
1982年2月 1983年1～2月 1984年1～2月	小中学校教育課程実施状況調査（1981～1983年度） 小5～小6（1981～1982年度)。国語、社会、算数、理科。 中1～中3（1982～1983年度)。国語、社会、数学、理科、英語。
1994年2月 1995年1～2月 1996年1～2月	小中学校教育課程実施状況調査（1993～1995年度） 小5～小6（1994～1995年度)。国語、社会、算数、理科。 中1～中3（1995～1996年度)。国語、社会、数学、理科、英語。
1995年2月	TIMSS（第3回調査） 小3、小4、中1、中2。算数・数学、理科。
1999年2月	TIMSS（第3回・追調査） 中2。数学、理科。
2000年7月	PISA（第1回調査） 高1。読解力、数学的リテラシー、科学的リテラシー。
2002年1～2月	小中学校教育課程実施状況調査（2001年度） 小5～中3。国語、社会、算数・数学、理科、英語。
2002年11月 2003年11月	高等学校教育課程実施状況調査（2002～2003年度） 高3。国語、数学、理科、英語(2002年度)。地理歴史・公民(2003年度)
2003年2月	TIMSS（第4回調査） 小4、中2。算数・数学、理科。
2003年7月	PISA（第2回調査） 高1。読解力、数学的リテラシー、科学的リテラシー、問題解決能力。
2004年1～2月	小中学校教育課程実施状況調査（2003年度） 小5～中3。国語、社会、算数・数学、理科、英語。
2005年11月	高等学校教育課程実施状況調査（2005年度）
2006年7月	PISA（第3回調査）

日本は長年TIMSSに参加し、またPISAにも最初から参加している。このほかに、日本で独自に実施している大がかりな学力調査として、国立教育政策研究所が実施している教育課程実施状況調査がある。

教育課程実施状況調査は、学習指導要領の定着度を測るために行われる。これまで四回行われ、一九八一～八三年度と一九九三～九五年度は文部省が実施している。この対象者数は二％と少ない。その後の二〇〇一年度（二〇〇二年実施）と二〇〇三年度（二〇〇四年実施）の調査は、国立教育政策研究所（教育課程研究センター）が担当した。この対象者は、八％である。

二〇〇一年度の「小中学校教育課程実施状況調査」には、小学校で三五三二校、約二〇万八〇〇〇人、中学校で二五三九校、約二四万三〇〇〇人、合計約四五万人が参加した。また、二〇〇三年度の同調査には、小学校で三五五四校、約二一万一〇〇〇人、中学校で二五八四校、約二四万人が調査対象に加わっている。参加者の数からみると、この二回分の教育課程実施状況調査は統計学的に格段に精密な調査となっている。

PISAで測れる学力とは

TIMSSは、学校教育で学習した知識や計算などの技能を出題する。ところが、ここに問題が生じてくる。国によっては、何年生で習うのかはまちまちだからである。たとえば小学四年生の設問に、「ロウソクの消える様子」をたずねるものがあった。燃焼には酸素が使われ、その結果、二酸化炭素ができるという知識と、燃焼の仕組みが理解されていないといけない。しかし、日本の小学生は学習指導要領に従って、このことを小学六年生で習うのである。しかも現代の日本の生活ではロウソクはなじみが薄く、子どもたちは推測もできなかったようである。そこでTIMSS2003では、「ロウソクの消える様子」という項目で、日本の子どもたちには国際平均より低い点数が出てしまったのである。このように学習する学年が異なる項目もあれば、そもそも求められる知識や技能は、国によって異なっている現状がある。そのため、知識や技能を一律に比較できないということにもなる。

より比較可能な指標を探ってできあがったものがPISAである。PISAは、TIMSSと違って、知識の有無や知識の操作を出題の半分とし、後の半分は、「知識と能力、経験をもとに、将来の実生活に関係する事柄にいかに対処するか」などに関して、「自分で答えを作り上げ、文章あるいは語句でそれを表現する自由記述式の問題」としたのである。いってみれば、実践力や応用力、思考力や創造性を重視して評価するというのである。(3) そうなるとさらに、そのような実践力や思考力を表現する力が重要なものとしてとらえられることになる。しかも、このような能力こそ社会的に有意義な指標になるとOECDは考えたのである。

なお、英文報告書では、知識・技能だけでなくコンピテンシーという実践的な能力に注目する視点が以下のように説明されている。

「PISAの調査結果は、TIMSSの結果とは異なるものもある。……TIMSSの調査素材は、各参加国のカリキュラム分析を基盤にして構成してある。そのため、大多数の参加国のカリキュラムに共通した基本素材をカバーするように作られている。ＰＩＳＡ２０００は、人生がうまくいくよう現代社会に十分に参加し、社会に有意義になるよう貢献することができる個人の能力（capacity）にとって決定的に重要だと考えられる技能とコンピテンシー（competencies）の領域をカバーする」[4]

ＰＩＳＡは、いわゆる日本人が親しんでいる学力テストとは異なる。では、ＰＩＳＡが求めた学力とは何か。

われわれの知る学力テストとは、一つの「正解」しかないというような質問に答えさせるものだ。

ＰＩＳＡは、思考力や問題解決力、しかも社会における具体的な問題の解決に積極的に参加する能力を測ろうとした。そのためには、複雑で錯綜した状況を設問として設定して、解答者自身がその中からまず問題解決に必要な素材や情報を拾い出し、それらを構成して問題状況を自分で判断するところから始めさせる。問題状況には複数の意見・立場が考えられ、それぞれの意見・立場を長所・短所に分けて多面的に評価し、一定の解決を得るというプロセスが判定の重要な対象となる。しかも、一挙に解決しがたい問題については、将来に向けて長期的に問題を解決していく見通しを探るというところまで展望させるのである。ＰＩＳＡには、このような複雑な設問が用意されているのである。日本人がなじんでいる学力テストは、このような複雑であいまいな状況は排除されているわけだ。

では、ＰＩＳＡの出題の具体例を見てみよう。読者の皆さんもいっしょに解いてみてほしい。

まず、次ページの設問１を見ていこう。『盗難事件』というのは何の試験問題かおわかりだろうか。

設問1　盗難事件

あるTVレポーターがこのグラフを示して、「1999年は1998年に比べて、盗難事件が激増しています」と言いました。

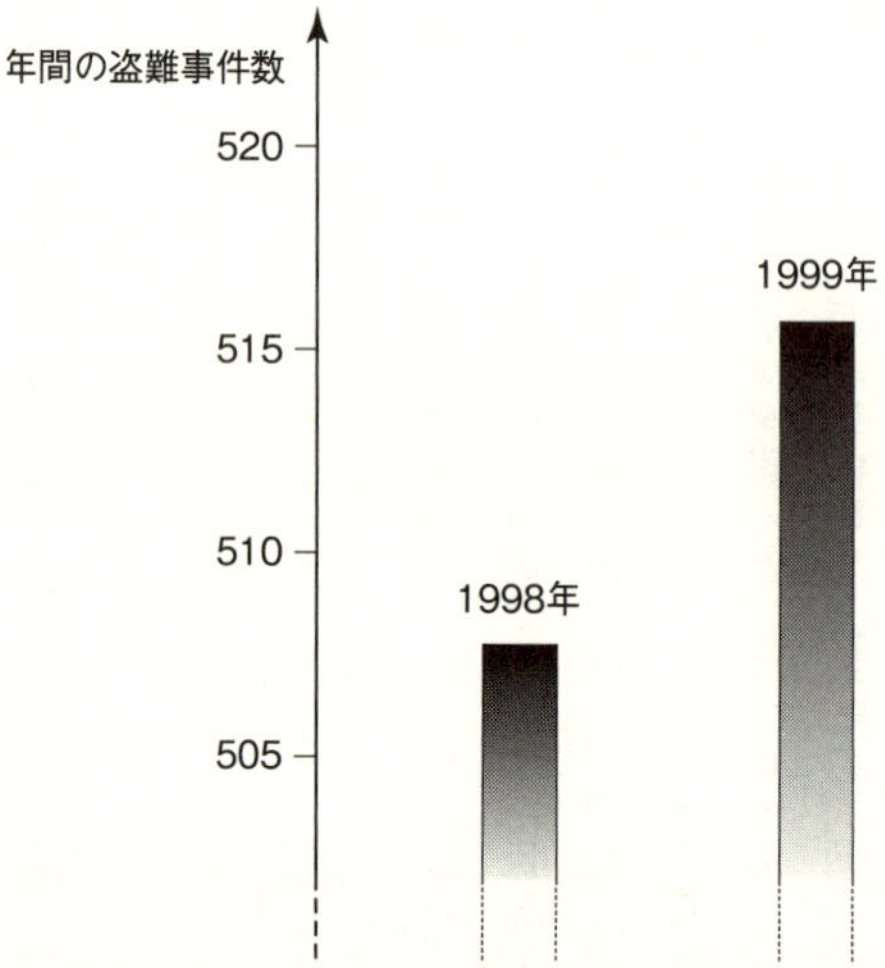

このレポーターの発言は、このグラフの説明として適切ですか。適切である、または適切でない理由を説明してください。

＊国立教育政策研究所編『生きるための知識と技能②』ぎょうせい、2004年、119ページ。

＊設問1の答は、巻末250ページに載せた（以下、設問2、設問3、設問4も同様）。

これは、数学的リテラシーの問題である。

目のつけどころの一点目は、増加しているのだけれど、どれだけ増加しているかを考えることだろう。引き算すればその差は一〇件程度である。これは全体の五〇〇に比べればそれほど大きな数ではない。つまり、割合をとってみるとその差は二％くらいの変化でしかない。ここで引き算や割り算という数学的技能を使うのだが、使えと指示されて使うのではなく、なぜだろうと考える過程で知識や技能を自分から必要に応じて使っていくのである。じつはここまで解いて、答は半分である。

二点目のチェックは、二％は「激増」と呼べるような激しい変化なのかどうかという、もう少し高度な判断である。それには、さらに前の年にさかのぼり、変化を追って見なければならない。ずっとゼロないしマイナスで推移してきた場合には、二％の変化でも突然に起きたものならば激増と見なせるからである。つまり、グラフの二つの点を比べても一つの変化をとらえたことにすぎず、変化の大小を判断するにはさらに多くの変化を比べなくてはいけない、という思考の論理が要求されているわけである。

結果を見ると、日本の子どもたちの正解は一一％しかなく、他国に比べて低い（表1-7）。多くの日本の子どもたちはこの設問で、グラフの高さがほぼ二倍になっているので、盗難事件も二倍になっている、これは激増していることだと即断してしまったようだ。日本の子どもたちは、批判しながら現状をチェックしてねばり強く論理を追っていくこと、その過程で数学を応用すること、このような思考がきわめて不得手のようだ。これはおそらく大人にも、ひいては日本の社会全体にも広くいえることなのかもしれない。

表１-７　『盗難事件』に関する問の結果

国名	完全正答	正答（部分正答も含む）		
		男子	女子	全体
フィンランド	26.5	47.2	44.5	45.8
イタリア	23.3	44.9	34.5	39.3
ニュージーランド	23.2	40.0	38.7	39.3
韓国	16.7	30.3	24.6	28.0
アメリカ	16.7	34.5	31.3	33.0
ドイツ	14.9	31.5	26.0	28.7
フランス	14.5	31.9	26.0	28.8
日本	11.4	31.0	27.3	29.1
OECD 平均	15.4	30.8	28.2	29.5

＊国立教育政策研究所編『生きるための知識と技能②』ぎょうせい、2004年、121ページより作成。
＊日本の子どもたちは批判力が弱いといえる。

さて、批判力の強さという点でイタリアの正答率の高さに注目してほしい。日本は、ＯＥＣＤの平均よりもずっと低い。これは低学力の質の問題なのであり、「百マス計算」というようなドリル的な訓練だけでは歯が立たない問題なのである。

次に、設問２にいこう。盗難事件の設問は情報不足で判断できないものであったが、今度は逆に、『スケートボード』の設問では、「既製品のスケートボード」というような、課題を解くには不要な情報が含まれている。このように、現実の社会に似せて設問が作ってあり、その設問の中から必要な情報を選び取ってくる力も重視されているのである。

次ページにある設問２の問１は、二つともできれば完全正答となり、どちらか一つだけできた場合は部分正答となる。部分正答は、考え方はつかんでいるので、計算ミスをなくせば完全正答にな

設問2　スケートボード

浩二さんはスケートボードが大好きです。彼はスケボーファンという店に値段を調べにやってきました。

この店では、既製品のボードを買うこともできますが、デッキ1個、車輪4個のセット、トラック2個セット、金具のセットを別々に買って、オリジナルのボードを組み立てることもできます。

店の商品の価格は次の通りです。

商　品	価格（ゼット）	
既製品のスケートボード	82、84	
デッキ	40、60、65	
車輪4個のセット	14、36	
トラック2個のセット	16	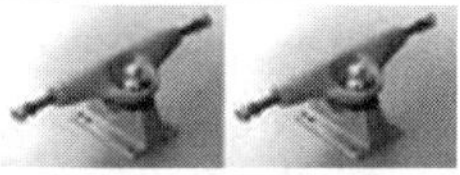
金具のセット（ベアリング、ゴムパッド、ボルトとナット）	10、20	

問1　浩二さんは、自分のスケートボードを組み立てたいと思っています。この店で部品を買ってスケートボードを組み立てる場合の最低価格と最高価格はいくらですか。

(a) 最低価格＿＿＿＿＿ゼット　　(b) 最高価格＿＿＿＿＿ゼット

問2　この店にはデッキ3種類、車輪セット2種類、金具セット2種類があります。トラックのセットは1種類しかありません。

浩二さんが組み立てられるスケートボードは何種類ですか。

A 6　　B 8　　C 10　　D 12

問3　浩二さんの予算は120ゼットです。彼はこの予算で一番高いスケートボードを買いたいと思っています。

浩二さんが4つの部品にかけることができる金額はそれぞれいくらですか。

デッキ＿＿＿＿ゼット　　車輪のセット＿＿＿＿ゼット

トラックのセット＿＿＿＿ゼット　　金具のセット＿＿＿＿ゼット

＊国立教育政策研究所編『生きるための知識と技能②』ぎょうせい、2004年、101～105ページ。

る。したがって計算力をつければ、表1―8で完全正答率が最下位のフランスの成績はすぐに回復する見通しがつく。だが日本の場合は誤答と無答が多く、おそらくこれは考え方がわかっていないということであり、計算力ではなく思考力を向上させる対策が重要になる。とりわけ無答が多いことは、数学的思考がまったく働いていないことを意味するだろう。その点、フィンランドはほぼ全員に高い思考力がついていることがわかる。しかも、計算力もあるのである。

問2は、場合の数を答えるもので、日本の子どもたちは、順列・組み合わせという単元の授業を多く受けており、このような問題は解き慣れているために正答率は高い（表1―9）。

問3は、12の組み合わせをすべて計算すれば間違いはない。しかし、少し工夫すると、速く解ける。設問2を通して日本の特徴を探すとすれば、無答が多いことであろう（表1―10）。

では、二八ページの設問3をやってみよう。『身長』の問1は、グラフを見なくても、与えられた数値だけで処理ができる。このような簡単な計算の応用問題なら、日本の子どもたちはめっぽう強い（表1―11）。小数点の処理もきちんとできるようである。それでも、無答の率がOECDの平均よりも多い点が気になるところである。さらに日本では、女子の正答率が高い。ということは、男子の誤答・無答が多いことを意味しており、この点が日本における学力格差の問題点として浮かび上がってくるだろう。

フィンランドは、このような計算問題は弱いようである。アメリカは、間違っていてもとにかく答えるという行動様式が身についているようで、誤答が多くても無答は少ない。

『身長』の問2は、数量の変化をグラフの傾きでとらえる問題である。これは、関数という数学の基本

表1-8『スケートボード』に関する問1の結果

国名	反応率			
	完全正答	部分正答	誤答	無答
フィンランド	80.7	9.0	9.5	0.8
ニュージーランド	73.7	8.7	16.4	1.3
韓国	72.0	11.8	13.9	2.3
ドイツ	71.7	11.5	11.6	5.2
イタリア	60.8	12.1	19.9	7.3
アメリカ	57.7	8.9	27.2	6.2
日本	54.5	8.0	26.9	10.6
フランス	52.9	27.8	12.6	6.6
OECD 平均	66.7	10.6	18.0	4.7

表1-9『スケートボード』に関する問2の結果

国名	反応率		
	正答	誤答	無答
日本	67.0	29.7	3.3
韓国	65.0	31.4	3.6
フィンランド	56.1	42.4	1.5
アメリカ	49.9	47.6	2.6
ニュージーランド	48.2	50.6	1.1
フランス	46.5	48.3	5.2
ドイツ	44.9	50.0	5.1
イタリア	34.5	57.1	8.5
OECD 平均	45.5	50.0	4.5

表1-10『スケートボード』に関する問3の結果

国名	反応率		
	正答	誤答	無答
フィンランド	59.1	38.7	2.3
ニュージーランド	55.7	41.4	2.9
韓国	55.6	40.7	3.6
フランス	55.1	39.2	5.7
日本	53.6	37.1	9.4
ドイツ	51.7	42.5	5.7
アメリカ	46.1	49.8	4.1
イタリア	44.2	48.0	7.9
OECD 平均	49.8	44.6	5.5

表1-8、9、10とも、
＊国立教育政策研究所編『生きるための知識と技能②』ぎょうせい、2004年、102、104、106ページより作成。
＊日本の子どもたちは誤答や無答が多い。しかし組み合わせの計算はよくでき、フィンランドよりも正答率は高い。

設問3　身長

若者は背が伸びる

オランダの1998年の若い男女の平均身長が、下のグラフに示されています。

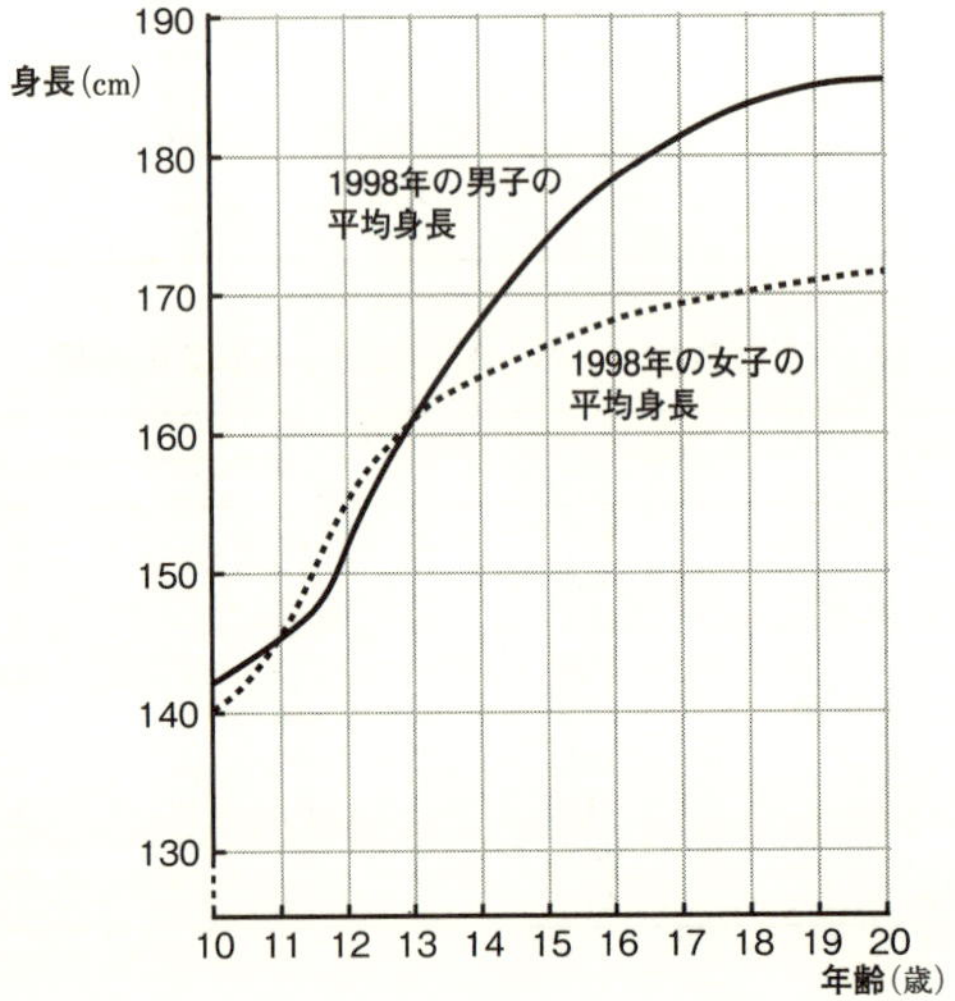

問1

1980年からみると、20歳の女子の平均身長は2.3cm伸びて、現在170.6cmです。1980年の20歳の女子の平均身長はどのくらいでしたか。

問2

女子の平均身長について、12歳以降はその増加の割合が低下しています。このことがグラフでどのように示されているか、説明してください。

問3

このグラフによると、女子の平均身長が同じ年齢の男子の平均身長を上回っているのはいつですか。

＊国立教育政策研究所編『生きるための知識と技能②』ぎょうせい、2004年、94～98ページ。

分野の根本原理につながっていく設問である。ここでは、ものの見方、状況のとらえ方を問われているのであるが、日常的に理科や算数でグラフを書いたりして、頭を使いながらじっくり考える習慣がついているかどうかによって結果が違ってくるだろう。

フィンランドの正答率の高さとともに無答率の低さ、それに反して日本の正答率の低さと無答率の高さに驚かされる（表1－12）。日本の算数・数学教育は、関数概念の把握という数学の本筋からそれてしまい、計算力重視といった断片的・技能的な教育が行われているということであろう。それに比べてフィンランドでは、教育の成果が学問の本質に迫れるだけの質の高いものとなっているといえるだろう。

『身長』の問3は、大小関係がグラフの上下関係になることを理解しているかを問う問題だが、じつはこのグラフが不鮮明なので、思わぬ混乱を生じさせたようだ。男女のグラフが交差しているのは、一一歳よりもわずかに上で、一三歳よりも少し下に見えるからである。厳密さを求める日本人にはこれは大いに気になるところだ。この設問のまた一つの欠陥は、出題者は自然界の連続的な変化に着目して幅を持った答えを期待したのに、多くの受験者は該当する年齢だけにしぼってしまい「一二歳」と答えてしまったようである。というのも、一一歳と一三歳では男女が同一になっているからである。出題の意図からはずれてしまった不十分な設問といってもよいだろう。この解答で目につく特徴といえば、フィンランドと日本は類似しているが、この設問においても日本では無答がOECD平均よりも多く、また男女差がOECD平均よりも開いていて、男子のほうがかなり低いことだろう（表1－13）。

表 1-11 『身長』に関する問 1 の結果（%）

	正答			誤答	無答
	全体	男子	女子		
韓国	81.9	82.8	80.7	13.8	4.3
フランス	79.6	79.6	79.7	16.1	4.3
日本	78.3	76.3	80.5	13.1	8.6
ドイツ	71.2	74.5	68.1	20.1	8.7
ニュージーランド	69.8	71.3	68.4	26.5	3.7
フィンランド	67.3	69.0	65.5	25.5	7.2
イタリア	67.0	65.6	68.5	20.8	12.2
アメリカ	54.0	56.6	51.5	41.3	4.7
OECD 平均	67.0	68.6	65.4	24.7	8.3

表 1-12 『身長』に関する問 2 の結果（%）

	正答			誤答	無答
	全体	男子	女子		
フィンランド	68.2	63.6	73.2	24.8	7.0
ニュージーランド	59.2	58.3	60.1	31.7	9.1
韓国	56.1	58.5	52.4	28.9	15.0
アメリカ	52.6	54.2	51.0	39.4	8.0
フランス	52.0	48.4	55.1	33.2	14.8
ドイツ	47.1	46.5	47.8	26.6	26.4
日本	43.3	41.8	44.9	27.4	29.3
イタリア	30.3	28.7	31.8	38.8	30.9
OECD 平均	44.8	44.4	45.1	34.1	21.1

表 1-13 『身長』に関する問 3 の結果（%）

	完全正答	部分正答	正答		誤答	無答
			男子	女子		
韓国	80.2	4.2	83.2	80.9	12.6	3.0
フランス	72.3	14.4	77.7	81.1	8.8	4.5
フィンランド	66.8	25.7	77.5	82.1	5.2	2.2
日本	62.5	23.9	71.5	77.6	5.5	8.1
ドイツ	61.0	22.1	73.6	70.7	6.7	10.2
ニュージーランド	55.0	33.9	71.4	72.4	6.1	5.1
アメリカ	39.4	43.4	60.5	61.7	13.3	4.0
イタリア	37.0	39.3	54.2	59.1	10.5	13.1
OECD 平均	54.7	28.1	67.6	70.0	9.7	7.5

表 1-11、12、13 とも、
＊国立教育政策研究所編『生きるための知識と技能②』ぎょうせい、2004 年、95、97、100 ページより作成。
＊日本の子どもたちは、計算はよくできるが、説明は苦手である。

さて、もう一度、盗難事件の問題と身長の問題を合わせて考え直してみよう。日本人の場合、はっきりした計算問題はよくできるのだが、数学的に考えて数学を応用してみるという数学的思考の点ではうまくいっていない。韓国もこれによく似た反応を示しているが、日本ほどに分裂していないようだ。おそらく、日本では数学の勉強が条件の限定された一種のゲームとなっているということであり、数学で学んだことが生活の中の問題を解くというような一人ひとりの思考というレベルまでおりていないということだろう。

つぎに、学力低下と騒がれた「読解力」の問題をみてみよう。

設問4　落書き

学校の壁の落書きに頭に来ています。壁から落書きを消して塗り直すのは、今度が四度目だからです。創造力という点では見上げたものだけれど、社会に余分な損失を負担させないで、自分を表現する方法を探すべきです。

禁じられている場所に落書きするという、若い人たちの評価を落とすようなことを、なぜするのでしょう。プロの芸術家は、通りに絵をつるしたりなんかしないで、正式な場所に展示して、金銭的援助を求め、名声を獲得するのではないでしょうか。

わたしの考えでは、建物やフェンス、公園のベンチは、それ自体がすでに芸術作品です。

落書きでそうした建築物を台なしにするというのは、ほんとに悲しいことです。それだけではなくて、落書きという手段は、オゾン層を破壊します。そうした「芸術作品」は、そのたびに消されてしまうのに、この犯罪的な芸術家たちはなぜ落書きをして困らせるのか、本当に私は理解できません。

ヘルガ

十人十色。人の好みなんてさまざまです。世の中はコミュニケーションと広告であふれています。企業のロゴ、お店の看板、通りに面した大きくて目ざわりなポスター。こういうのは許されるでしょうか。そう、大抵は許されます。では、落書きは許されますか。許せるという人もいれば、許せないという人もいます。

落書きのための代金はだれが払うのでしょう。だれが最後に広告の代金を払うのでしょう。その通り、消費者です。

看板を立てた人は、あなたに許可を求めましたか。求めていません。それでは、落書きをする人は許可を求めなければいけませんか。これは単に、コミュニケーションの問題ではないでしょうか。あなた自身の名前も、非行少年グループの名前も、通りで見かける大きな製作物も、一種のコミュニケーションではないかしら。

数年前に店で見かけた、しま模様やチェックの柄の洋服はどうでしょう。それにスキーウェアも。そうした洋服の模様や色は、花模様が描かれたコンクリートの壁をそっくりそのまま真似たものです。そうした模様や色は受け入れられ、高く評価されているのに、それと同じスタイルの落書きが不愉快とみなされているなんて、笑ってしまいます。

芸術多難の時代です。

ソフィア

前ページの二通の手紙は、落書きについての手紙で、インターネットから送られてきたものです。落書きとは、壁など所かまわずに書かれる違法な絵や文章です。この手紙を読んで、問1〜4に答えてください。

問1

この二つの手紙のそれぞれに共通する目的は、次のうちどれですか。

A　落書きとは何かを説明する。

B　落書きについて意見を述べる。

C　落書きの人気を説明する。

D　落書きを取り除くにどれほどお金がかかるかを人びとに語る。

問2

ソフィアが広告を引き合いに出している理由は何ですか。

問3
あなたは、この二通の手紙のどちらに賛成しますか。片方あるいは両方の手紙の内容にふれながら、自分なりの言葉を使ってあなたの答えを説明してください。

問4
手紙に何が書かれているか、内容について考えてみましょう。
手紙がどのような書き方で書かれているか、スタイルについて考えてみましょう。
どちらの手紙に賛成するかは別として、あなたの意見では、どちらの手紙がよい手紙だと思いますか。片方あるいは両方の手紙の書き方にふれながら、あなたの答えを説明してください。

（国立教育政策研究所編『生きるための知識と技能』ぎょうせい、二〇〇二年、六七〜七一ページ）

これは、読んでいて、われわれ日本人にはいらいらしてしまう設問である。落書きはいけないと教えられている文化では、落書きにも意味があるというような発想は出てこないどころか、そもそも設問にさえ「違法な」と書かれるような行為を肯定するような意見は理解不能に陥る。「広告は落書きの合法的な一形態」というような強弁とも思える論理展開は、とても日本人には追っていけないのだ。
『落書き』の問2の結果（表1-14）をみると、他国に比べて日本の生徒たちに無答が著しくきわめて多いことが特徴的だ。自分とは異なる意見は、ほとんど受けつけられなくなり、思考が停止してしまうということなのだろうか。アメリカなどは、間違っていてもとにかく答えるという行動スタイルが身についている。ここは、日本と大きく異なる。

日本人の無答の多さは、『落書き』の問3についても同様である。この設問では、ついにアメリカはトップに躍り出ている。「自分なり」の意見がはっきりと言えるということだろう（表1−15）。

また、「自分なりの」言葉を使ってとあるように、結論を相手に向かって説明するのも、日本人は苦手である。相手に説明するというのは、相手が自分と違う意見を持っていることを想定して、相手を説得できるように論理を緻密に組み立てていかなくてはならない。それぞれの意見の長所・短所をきちんと指摘できて、対立意見を解消するような解決方法を探る、という思考が必要となってくる。複数の意見を評価し、立証し、自分の考えを練り上げ、説明するという思考様式が問題となってくる。日本の子どもたちはこの点が弱く、フィンランドの子どもたちは強いのである。

ＯＥＣＤ教育局のシュライヒャー指標分析課長によれば、

「この読解力とは、単なる読み書きではありません。社会的な道具を使って、社会とつながりをもつ能力を指します(5)」

ということになる。このつながりのあり方、すなわち、受身的かそれとも批判的に参加するかという態度が、読解力に反映するというわけだ。

今回、ＰＩＳＡで「読解力」が低下したことは、このような総合的な思考力ならびに社会的関係のあ

表1-14 『落書き』に関する問2の結果（%）

	反応率		
	正答	誤答	無答
フランス	64.5	26.4	9.1
韓　国	60.2	33.4	6.4
フィンランド	57.8	33.8	8.5
イタリア	52.5	34.3	13.3
ドイツ	50.1	32.3	17.6
アメリカ	45.5	50.1	4.4
日　本	42.2	29.0	28.8
OECD 平均	53.4	36.3	10.2

表1-15 『落書き』に関する 問3の結果（%）

	反応率		
	正答	誤答	無答
アメリカ	74.4	22.4	3.2
フィンランド	72.1	24.9	3.0
韓　国	71.9	23.4	4.6
日　本	71.1	13.7	15.2
フランス	69.1	23.5	7.4
ドイツ	64.0	25.3	10.7
イタリア	63.8	26.2	10.0
OECD 平均	67.8	25.4	6.8

表1-14、15とも、

＊国立教育政策研究所編『生きるための知識と技能』ぎょうせい、2002年、69、71ページより作成。

＊日本の子どもたちは反対意見の論理をつかめない。アメリカの子どもたちは無答が少なく、表現力がある。

り方が問題にされているということであり、単純に読書の力が問われているのではない。「読解力」と呼ぶよりは「言語的リテラシー」と言い直すほうが正確かもしれない。

PISAは、このように、生活の中で活きているか、社会に出て役立っているかを調べる設問が半分程度入っている。日本人が慣れ親しんでいる学力テストとは違う、そんな学力調査なのだ。

日本の学力は低下したのか

さて、PISAで読解力が八位から一四位に低下したことを受けて、マスコミは「学力低下」という見出しで大きく報道した。そのため多くの日本人は、「学力が大幅に低下した」と思い込んでしまった。そもそも読解力テストでどんな問題が出たのかも考えずに、日本人はあわてふためいた。

だが調査結果をじっくりみてみると、まったく別のことに気づかされる。表1-17は、PISA調査にみる読解力のレベル別分布を示している。最大の特徴は、レベル1未満という「きわめて低学力」とされる層が、一位のフィンランド、二位の韓国では一%台、三位のカナダでは二%台であるのに対して、日本は七・四%と、OECDの平均よりも多いことだ。平均以下（レベル2以下）の割合をとってみるとフィンランド、韓国は二〇%台であるのに対し、日本は四〇%ほどある。すなわち、日本はレベル1未満もしくはレベル1という低学力層が多い国になりつつあるのであり、順位の高い国はこの層がきわめて少ないという特徴がある。つまり、日本では「低学力」の層が全体の平均点を押し下げており、フィンランドや韓国では「低学力」の層を小さくしているために教育効果が高くなり、平均点を高め、し

表1-16　PISA2000 読解力における習熟度レベル別の生徒の割合（%）

順位	国名＼レベル	1未満	1	2	3	4	5	～1	3～
1	**フィンランド**	**1.7**	**5.2**	**14.3**	**28.7**	**31.6**	**18.5**	**6.9**	**78.8**
2	カナダ	2.4	7.2	18.0	28.0	27.7	16.8	9.6	72.5
3	ニュージーランド	4.8	8.9	17.2	24.6	25.8	18.7	13.7	69.1
4	オーストラリア	3.3	9.1	19.0	25.7	25.3	17.6	12.4	68.6
5	アイルランド	3.1	7.9	17.9	29.7	27.1	14.2	11.0	71.0
6	韓国	0.9	4.8	18.6	38.8	31.1	5.7	5.7	75.6
8	**日本**	**2.7**	**7.3**	**18.0**	**33.3**	**28.8**	**9.9**	**10.0**	**72.0**
14	フランス	4.2	11.0	22.0	30.6	23.7	8.5	15.2	62.8
15	アメリカ	6.4	11.5	21.0	27.4	21.5	12.2	17.9	61.1
20	イタリア	5.4	13.5	25.6	30.6	19.5	5.3	18.9	55.4
21	ドイツ	9.9	12.7	22.3	26.8	19.4	8.8	22.6	55.0
	OECD平均	**6.0**	**11.9**	**21.7**	**28.7**	**22.3**	**9.5**	**17.9**	**60.5**

＊国立教育政策研究所編『生きるための知識と技能 』ぎょうせい、2002年、34ページより作成。

表1-17　PISA2003 読解力における習熟度レベル別の生徒の割合（%）

順位	国名＼レベル	1未満	1	2	3	4	5	～1	3～
1	**フィンランド**	**1.1**	**4.6**	**14.6**	**31.7**	**33.4**	**14.7**	**5.7**	**79.8**
2	韓　国	1.4	5.4	16.8	33.5	30.8	12.2	6.8	76.5
3	カナダ	2.3	7.3	18.3	31.0	28.6	12.6	9.6	72.2
4	オーストラリア	3.6	8.2	18.3	28.4	26.9	14.6	11.8	69.9
6	ニュージーランド	4.8	9.7	18.5	26.3	24.3	16.3	14.5	66.9
7	アイルランド	2.7	8.3	21.2	32.4	26.2	9.3	11.0	67.9
14	**日　本**	**7.4**	**11.6**	**20.9**	**27.2**	**23.2**	**9.7**	**19.0**	**60.1**
17	フランス	6.3	11.2	22.8	29.7	22.5	7.4	17.5	59.6
18	アメリカ	6.5	12.9	22.7	27.8	20.8	9.3	19.4	57.9
21	ドイツ	9.3	13.0	19.8	26.3	21.9	9.6	22.3	57.8
29	イタリア	9.1	14.8	24.9	28.3	17.8	5.2	23.9	51.3
	OECD平均	**6.7**	**12.4**	**22.8**	**28.7**	**21.3**	**8.3**	**19.1**	**58.3**

＊国立教育政策研究所編『生きるための知識と技能②』ぎょうせい、2004年、154ページより作成。
＊表1-16、17の点数区分は、レベル1未満（335点未満）、レベル1（335～）、レベル2（408～）、レベル3（481～）、レベル4（553～）、レベル5（626～）。低学力層が小さいほど、国全体の学力は高い。

かも「高学力」の層もより高くなる傾向にある。この「低学力」の層は、おそらく日本では最近、急速に増えてきていると予想される。

ちなみに、PISAの定義では、レベル1未満は「最も基本的な知識・技能を身につけていない」、レベル1は「最小限に複雑な課題をこなすことができる」とされていて、レベル2になって「基本的な課題をこなすことができる」と説明されている。シュライヒャー指標分析課長のことばでは、次のような表現になる。

「レベル1は、リテラシーについてかなり心配しなくてはならない生徒たちで、知識社会に十分に対応できないと考えられます。さらに、レベル1未満となると、読みはある程度できるけれども、文章を読んで学んだり、自分の視野を広げたりする能力に欠けているわけです」(6)

表16と表17という二つの表の変化を追えば、明らかに日本は大きな変動が起きている。レベル5の部分は、ほとんど変化がないが、中位部分が一挙に下位部分になだれ込んでいるように見える。

結果データを別の角度から眺めてみよう。

次ページのグラフは、各国のグループ別得点をOECD平均点と比べたものである（図1−1）。PISA2000では、まだ、日本の低得点グループはOECD平均よりも高い。アメリカは、低得点グループは平均以下、高得点グループは平均以上と分裂傾向にある。しかしフィンランドは、低得点グループの底上げによって、全体の学力が高くなって、しかも高得点グループの得点も高いのである。

同様のグラフをPISA2003でみてみよう（図1−2）。日本はアメリカ型にずっと近づいている。

図1-1　PISA2000 総合読解力得点分布と平均値との差

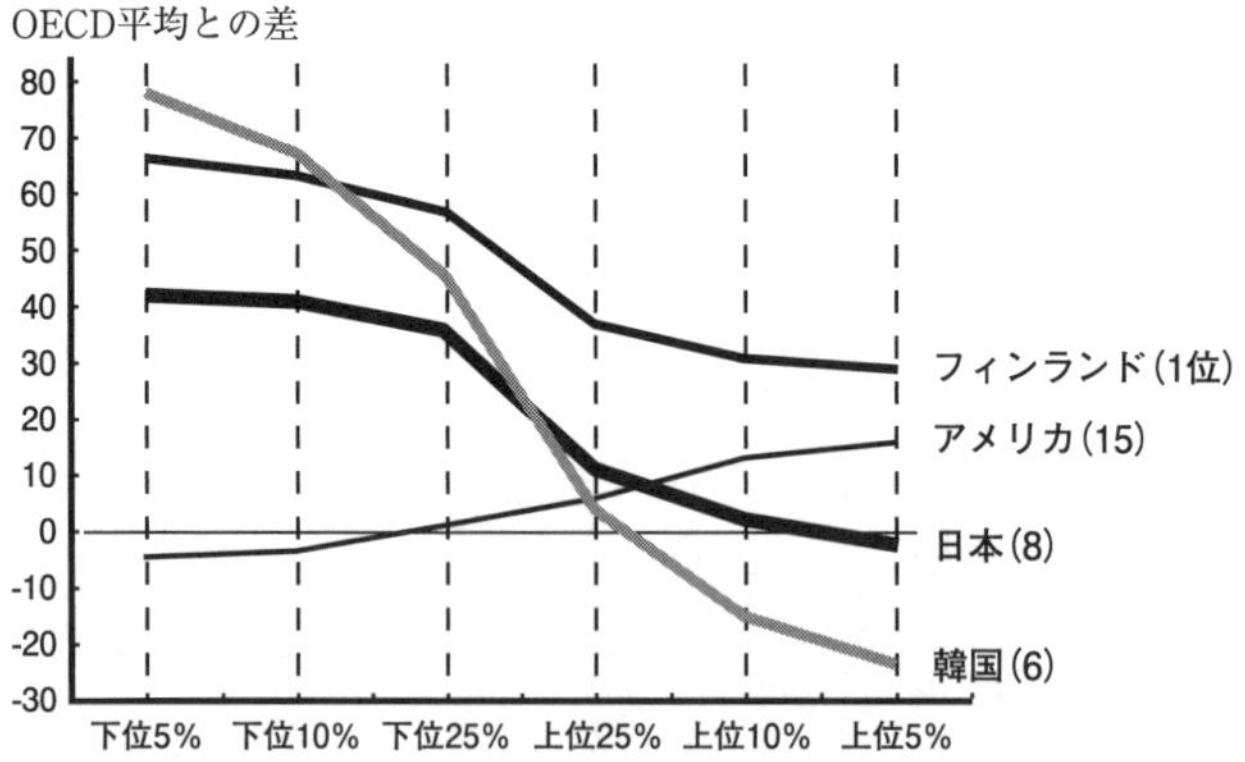

＊国立教育政策研究所編『生きるための知識と技能』ぎょうせい、2002年、39、44ページより作成。

図1-2　PISA2003 総合読解力得点分布と平均値との差

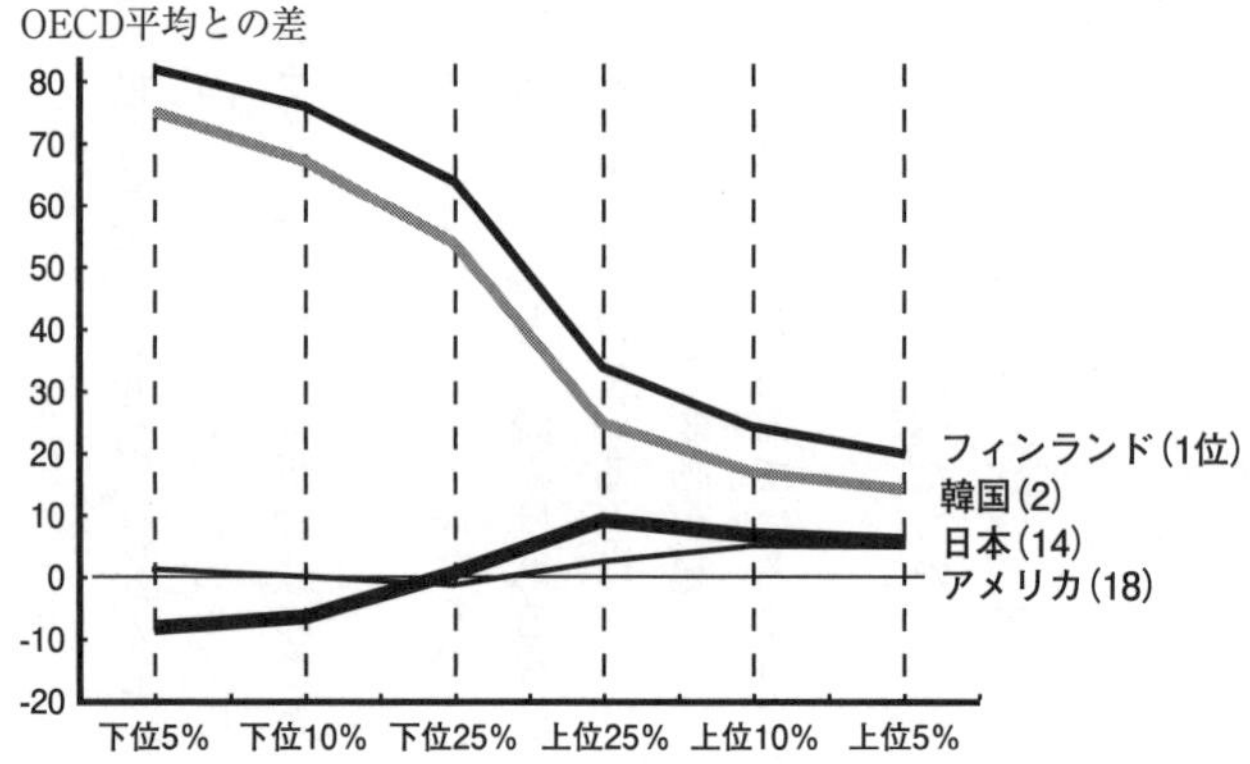

＊国立教育政策研究所編『生きるための知識と技能②』ぎょうせい、2004年、155、158ページより作成。
＊学力の底上げをすれば全体も高くなり、上層部も上がる。

表1-18　PISA2003 数学的リテラシーにおける習熟度レベル別の生徒の割合（%）

順位	国・地域＼レベル	1未満	1	2	3	4	5	6
1	香港	3.9	6.5	13.9	20.0	25.0	20.2	10.5
2	フィンランド	1.5	5.3	16.0	27.7	26.1	16.7	6.7
3	韓国	2.5	7.1	16.6	24.1	25.0	16.7	8.1
4	オランダ	2.6	8.4	18.0	23.0	22.6	18.2	7.3
6	日本	4.7	8.6	16.3	22.4	23.6	16.1	8.2
7	カナダ	2.4	7.7	18.3	26.2	25.1	14.8	5.5
11	オーストラリア	4.3	10.0	18.6	24.0	23.3	14.0	5.8
12	ニュージーランド	4.9	10.1	19.2	23.2	21.9	14.1	6.6
19	ドイツ	9.2	12.4	19.0	22.6	20.6	12.2	4.1
28	アメリカ	10.2	15.5	23.9	23.8	16.6	8.0	2.0
31	イタリア	13.2	18.7	24.7	22.9	17.7	6.5	1.4
	OECD平均	**8.2**	**13.2**	**21.1**	**23.7**	**19.1**	**10.6**	**4.0**

＊国立教育政策研究所編『生きるための知識と技能②』ぎょうせい、2004年、41ページより作成。
＊点数区分は、レベル1未満（358点未満）、レベル1（358～）、レベル2（421～）、レベル3（483～）、レベル4（545～）、レベル5（607～）、レベル6（669～）。
＊低学力層が大きい国は高学力層が小さい。

それに比して、韓国はフィンランド型に近づいている。PISAの読解力でみるかぎり、日本の学力分布は、低い層はより低く、高い層はより高く分かれるという二極分化が進み、しかもこのことによって全体の学力を低めていることがわかる。

日本が得意とする分野でも、同じような傾向が見られる。数学的リテラシーに関して見てみると（表1−18）、一五歳段階では、フィンランドは取り立てて「高学力」の層が多いわけではないが、「低学力」層をきわめて小さくしていることで社会全体の能力ないし活力を高めていることは確かである。ドイツ、アメリカ、イタリアなどでは、「低学力」の層が放置されていることがわかる。しかもアメリカでは、高学力層の比率が低く、エリート教育さえ満足にいってない。日本では、なんとか学力低下を食い止めている状態であるが、このままいけば、アメリカ並みに落ちていくことになるだろう。この「低学力」が原因で成人になってから失業を生むとして、先進諸国の重大な関心事になっているわけである。先進諸国の教育課題は依然として「底辺層の底上げ」であって、「底辺層」を切り捨ててエリート教育を行うことではない。道を誤るとどうなるか。アメリカのデータをみれば、そのことがわかるだろう。

対照的に、フィンランドや韓国などは「底辺層の底上げ」によって、社会的課題としての学力問題を見事にクリアしているといえるだろう。日本はこのまま競争社会を突き進めば、世界中から優秀な頭脳を集めるアメリカのように、国内の「低学力」層を切り捨てて、「高学力」層を移民労働力で補充していくという方法をとらざるを得なくなるのだろうか。ここが、日本の近未来に起こってくる深刻な課題である。学力問題から、そんな社会問題が見えてくる。

低学力層の増加

図1―3は、一八歳以上の成人を対象として実施された科学技術に関する基礎概念の理解度に関する国際比較調査の結果である。日本の教育が力を入れてきた分野であるにもかかわらず、日本の正答率は、比較対象となった一七か国・地域の中では低い水準である。スウェーデンやデンマークに比べれば、その差は大きい。

日本の教育では必要な知識の定着度が低い。この事実は、日本人が、必要もない知識をたくさん詰め込んでいるのか、本当に必要な知識を知らないのか、あるいは学び方が悪くてすぐ忘れてしまったり、自分の生活や生き方に影響を与えていない、役立っていないということなのか。

図1-3　科学技術基礎概念の理解度（共通11問の平均正答率）

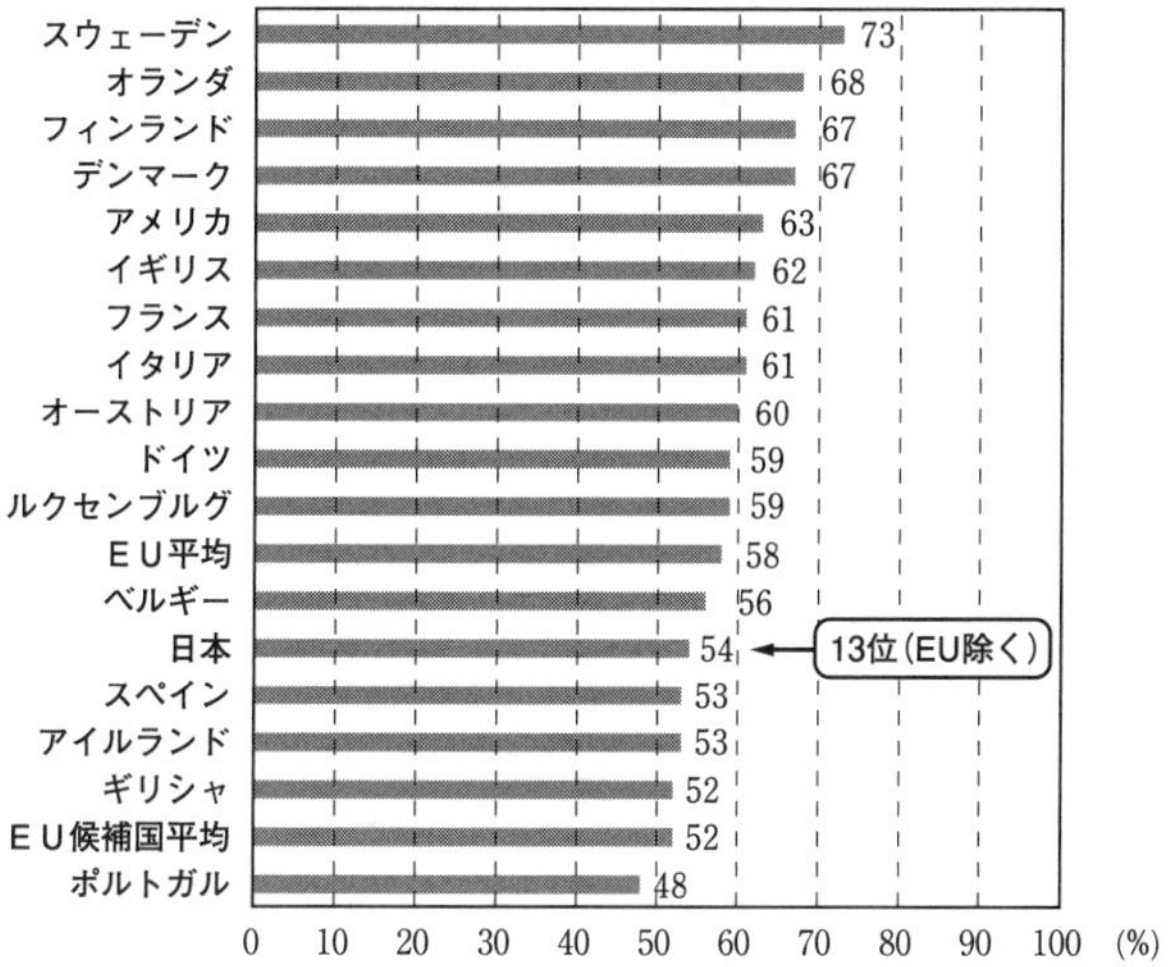

上図の調査の共通11問とは、以下の叙述の正誤をそれぞれ問うものである。あなたは何問正解できるだろうか？

①地球の中心部は非常に高温である。
②すべての放射能は人工的に作られたものである。
③われわれが呼吸に使っている酸素は植物から作られたものである。
④赤ちゃんが男の子になるか女の子になるかを決めるのは父親の遺伝子である。
⑤レーザーは音波を集中することで得られる。
⑥電子の大きさは原子の大きさよりも小さい。
⑦抗生物質はバクテリア同様ウイルスも殺す。
⑧大陸は何万年もかけて移動しており、これからも移動するだろう。
⑨現在の人類は原始的な動物種から進化したものである。
⑩ごく初期の人類は恐竜と同時代に生きていた。
⑪放射能に汚染された牛乳は沸騰させれば安全である。

＊『科学技術白書』文部科学省、2004年、89、90ページ。
＊大人になっても理科の知識を覚えているだろうか。(答は次ページ下にあります)

テストのための学習、入試のための学習では、学力は定着しなかったということだろう。「分数ができない大学生」「小数ができない大学生」とは、大学生の学力分布からみて小学生・中学生のころには計算はできたと予想される。二次関数の解の公式と同様に、使わなければ忘れてしまうということではないのか。テスト競争のための勉強をしていたからこそ「低学力」になったと考えるべきで、その逆ではないだろう。

低学力層の実態は、ＴＩＭＳＳ２００３の結果からも読み取れる。たとえば、15×9が計算できた中学二年生は、台湾で九四％、シンガポールで九三％、日本で八六％、アメリカで八五％である。日本はアメリカ並みに、現役の中学生が一四％、つまり七人に一人という割合でできないというのである。

二〇〇三年に実施された長崎県教育委員会の調査では、「人間は死んでもまた生き返る」と答えた小中学生は一五％であり、中学生だけをとると一八・三％もある。[7] この理解は、理科の学力状況に直結した根本的な問題だと解釈できるだろう。すなわち、生命が細胞という有機体でできており、その生命体が維持されるにはさまざまな条件、この場合には酸素の供給などが必要であるという理解である。学校で学ぶ知識が、実生活の中でほとんど活きていないということであろう。

日本には、このような「低学力」層が確実に存在するのであり、それは近年増大しつつあることが推測される。この事実は、今後の日本では社会生活の上で国民の分裂が深刻になってくるのではないかと予測させる。低学力層に対して、早期から長期にわたってじっくりと、きめ細やかな教育をしていかない限り、日本の学力向上は望めないということであり、そのことは日本の教育だけでなく政治の重要課

【解答】①正　②誤　③正　④正　⑤誤　⑥正　⑦誤　⑧正　⑨正　⑩誤　⑪誤

題でもあるだろう。

PISAが示す教育環境の実態

高い学力はどのようにして作り出されるか。PISAは、学力とともに生活実態調査もしているので、勉学態度や経済的格差などの指標と学力との関係が分析できる。(8)

PISA2000の成果を考慮しながら、それぞれの国の教育制度を比較したOECD事務総局は、次のような結論を下している。

「フィンランドと韓国にみるように、学校教育できわめて優秀な成果が実現可能であること、それもほどよいコストでできること。カナダ、フィンランド、日本、韓国、スウェーデンの結果は、高い成績水準と学習成果の社会的平等とが結びつく可能性があること。フィンランドとスウェーデンにみるように、OECD平均の一〇%以内という学校間格差の小さい学校で、高い成績水準が達成できること(9)」

OECD教育局で指標分析課長のシュライヒャー氏は、PISAの結果から次のように指摘した。ドイツ人の彼は、二〇〇三年一月に来日し、日本教職員組合の第五二次全国教育研究集会で、一一月には文部科学省と国立教育政策研究所の共催で記念講演を行っている。

「分岐型学校教育制度で対応したほとんどの国は、PISAの成績は平均より下に位置しています」。

このような結果に対しては、「PISAにかかわった三〇〇人の研究者」は「驚きませんでした」

が、「われわれ以外の多くの人を驚かせました」(10)

あるいはまた、彼はこうも言っている。

「ドイツやアメリカは国としての平均的な成績はあまり高くなく、同時に優秀な生徒と成績の悪い生徒との間の格差も非常に大きいということが分かりました。……フィンランド、スウェーデンをみてみると学校間の成績の格差が小さく、両国のPISA2000年調査における優れた成績はこのように教育システムがしっかりしているからであろうという推測が成り立ちます。このような国では、どの学校に子どもを入れても、同じように高い質の教育が受けられるということが保証されているということが言えるかと思います」(11)

つまり、中等教育を進路別・学力別に学校を分けて行うような分岐型学校教育制度のほうが、全体としての学力は低かったというのである。そして、フィンランドやスウェーデンは、どこの学校に行っても同じように学べる教育体制を作り上げている。このように、PISAの最大の功績は、平等と高学力とは矛盾しないと指摘したことである。学校や経済的背景を平等にすれば、国民の平均学力は高まるということを事実に基づくデータで証明したのである。これは、先進国の政治家や教育行政担当者たちの常識を覆すことになった。

同時にまた、シュライヒャー指標分析課長は、重要なことを指摘している。

「教育制度がうまく機能することを期待するのであれば、各学校に自分たちの学習環境を管理するよう適度な自由を与えることです。比較した中で最も良い成績を収めている学校には、基準を設定することをはじめ、自らの学習環境を管理するためのより大きな裁量があるという傾向がわかります。ＰＩＳＡにおいて良い成績を収めた多くの国々は、実際、……それぞれの学校に、より大きな自治権を与えています(12)」

各学校にこのような自由度があるために、「生徒のニーズに個別に対応する」ことができるのだと彼は指摘する。それゆえに、全体の学力も上がっているのだと。

「教師の仕事は、すべての問題を解決し、進路やコースに振り分けることなく、それぞれの生徒のために適切な学習環境を作ることとなります。……異なる背景、異なる能力をもち、異なる進路をめざす生徒たちに、きわめて個別化した学びの機会を与えることです(13)」

「フィンランドでは、高度に個人別指導を取り入れた学習環境を生み出すことで対応しました。……同国の教育制度は非常に大まかな目標、目的があるだけで、それを実施する方法を決めるのは各学校、各教師なのです(14)」

彼はまた、次のようにも説明している。

「フィンランドをみてみると、権限と責任はすべて学校に与えられていて、学校がありとあらゆることを決めることができるようになっています。それによって、成績レベルを全体的に底上げすることができていると考えられます。……トップダウン方式ではなくて、学校にやる気をおこさせることによって、成績を上げられるようにする環境にあるということです。ＰＩＳＡ調査の結果から、学校が自分の判断でアイディアを考え出し、それを試してみることによって良い成果を得られることが可能となることがわかりましたが、その好例がフィンランドでした。学校にやる気をおこさせる環境を作ること、これが重要だったのです[15]」

このようにPISA調査のもう一つの大きな功績は、中央集権的な管理制度ではなく、各学校と各教師に権限を渡すことが複雑で困難な教育活動への動機づけになったということをデータで示したことである。しかも、教師だけでなく、生徒への動機形成もうまくいっていることが重要であることも判明した。そして、習熟度別編成をやめて統合教育にしたフィンランドこそ、「きわめて個別化した学び」を作り出しているという、まったく逆説的とも思える現象を発見したのである。

「PISAの重要な成果の一つは、生徒個人の成功にとって自らのやる気と動機がきわめて重要であるということです[16]」

とシュライヒャー指標分析課長は言う。

「生徒の成績が向上することに対する期待感があり、努力するための準備ができていて、学習の喜びに満ちていて、教師と生徒間の関係が良好で、教師のモラール（志気、熱意）が高いといった特徴を持つ学校では、生徒の成績が良いということがわかりました[17]」

さて、このPISA2000は、二〇〇二年に第三世界などのOECD非加盟諸国を対象として追調査された。OECDとUNESCOが共同でまとめた報告書『明日の世界に向けたリテラシー技能—PISA2000にみる未来の結果』（二〇〇三年）は、それを推測させるデータを提供している。この分析は本書の課題を超えるが、旧来の単純な「追いつき型」近代化モデルが崩れたことは確かである。

2　世界一の秘密

フィンランド人は一般的には恥ずかしがり屋だ。カメラを向けてもなかなかこっちを向いてくれない。だが、外国人に対する拒否反応や警戒心は見られなかった。

「そもそも人口五〇〇万人の小国フィンランドが、高度の知識を必要とする分野、しかも情報に基づく分野で世界をリードすることなど、とうてい考えられないことだった。その理由は、第一にフィンランドには必要な技術と知識に応えるだけの人的資源がないということ、さらにはフィンランド人は、会話で人とコミュニケートするのが実に苦手な国民だったからである。……世界は、フィンランドを、遠い孤立した小国と考えてきた」（里深文彦『人間的な産業の復活―ヨーロッパ型経営のモラル』丸善、二〇〇二年、六六～六八ページ）

フィンランドは日本同様、多くの人々の予想を遥かに超えて農業国から工業国に変貌した。しかも今、世界のＩＴ産業の先端にある。それは教育の力によって。

なぜ世界一になったのか

ＰＩＳＡ２００３の平均得点の国際比較表（本書一三ページ、表1-2）を眺めてみよう。上位一割、つまり四位までを横に見ていくと、すべての領域に顔を出す国が二つだけある。一つは韓国で、もう一つはフィンランドである。そして、この二つの国の教育は、あまりに対照的である。

韓国では、予備校、塾通いが社会問題化するほど、子どもたちは正規の授業以外にたくさんの勉強をしている。放課後の勉強時間は日本の二倍以上、フィンランドの三倍近くある（本書一三一ページ、表3-3参照）。高校生ともなると、ほとんどの者が深夜まで学校や塾の授業を受けている。日本の高校生の半数以上が家庭学習ゼロというのとは大違いだ。しかも、韓国では長時間にわたって応用問題を解いており、ＰＩＳＡにも強いというわけである。

他方でフィンランドは学力世界一の国として、今、世界中の教育関係者から熱い視線を浴びている。一九六〇年前後のソ連、一九八〇年代の日本に注がれたまなざしと同じ種類のものだ。「高学力の秘訣は何か」というのである。だがそんな世界の視線を、フィンランドの人たちは当惑する。

「何も特別なことはしていない」

「当たり前のことをやっているだけだ」

というのである。

「普通の教育をフツーにやる」

これがどうも学力世界一の秘訣らしい。

といっても、子どもたちが「自分自身のために学ぶ」という「普通の教育」に徹底していったところがすごい。その当たり前の生活、当たり前の教育が、日本から見ると異質なのである。

フィンランドでは、競争がなくても、子どもたちはそれなりに勉強しているという。ウソのような話だ。社会も、学力競争を強いたりしない。教師も、子どもを叱ったりして勉強を強制するような手段はとらない。子どもたちには、「学ぶことは自分のためだ」という意識が徹底しているようだ。そのように子どもたちは家庭でも、学校でも育てられる。他人の目をそれほど気にせずに自分のために学べるというのには、自分が社会に受け止めてもらえるという安心感、人権を生かす福祉の思想が社会の根底にあるからだろう。「ニート（働きもせず、学びもしない者）」などという集団も登場しておらず、日本の話をすると、「その人たちはこれからどうやって生きていくつもりか」と逆に質問されてしまう。あちらからすると、そんな人がいること自体が信じられないことのようだ。

思想や思考力を育む社会環境の影響も大きいようだ。

二〇〇六年二月のこと、フィンランド大学教育学部教師養成学科長マッティ・メリ教授は、こんな説明をしたそうだ。

「フィンランドの生きる力が育まれた背景には、この寒い自然環境の影響が大である。『寒くなる』という現象一つをとっても、『気温が低くなる→湖が凍る→水が得られなくなる・魚が取れなくなる→食するものがなくなる→生命の危機』というように一つの事柄を見たときにも、それから派生するさまざまな事柄をつねに結びつけて考えなければならない。すなわちフィンランド人の思考体系は、一をみて多くを知るのではなく、一面をみて、それにつながっている多様な側面的部分もつねに同時に考えているのだ」

「いや、考えなければ生きてこれなかったんだよ。……こういう背景が、大いに影響していると僕は思うんだよ」

と。これを聞いた通訳の菊川由紀さんは「彼らしい、哲学です」と評したが、「はじめに」で紹介した高校生の発言とつなげてみても、多くのフィンランド人が厳しい自然の中で生きていくためにねばり強く頭を使っていることは確かなようだ。そしてそのように考えさせる社会的な雰囲気が、家庭にも学校にも、あるいは社会全体に漂っていることになる。

フィンランドの社会は長い目で子どもたちを育てている。先生たちも、一つの学校にどっしり腰を落ち着けてその地域の子育てに責任を持っている。要するに、「学校を卒業してから何ができるか」というところに学力形成の目標が定められているのである。この根底には、北欧諸国で普及している「生涯学習」の思想があるようだ。学校は学び方を教えるところで、人間は一生学び続けていくものだと観念している。だから、一時的に上手に見せようとは考えないということのようだ。

フィンランド人は、英語がうまくて愛国心が強い。隣近所の国々ともじつに仲がよく、交流は密である。争いを避けるよう知恵を絞っている。テストだ、競争だと浮わついていないのである。

フィンランド教育省および教育大臣の見解、国際機関の調査、国際シンポジウムにおける教育関係者たちの発表、そしてさまざまな人の調査をまとめると、フィンランドの教育の特徴は以下のようにまとめられる。

第一に、一人ひとりを大切にする平等な教育がなされている。まず、一六歳までは、選別をしない教育が実行されている。教育の基本は序列づけではなく、一人ひとりの発達を支援する教育である。さらに、社会にはどのルートを通っても、学ぶ気になれば誰もがいつでも学べる学校教育制度がつくられ、学習を保障する社会的なシステムが整えられつつあることである。

第二に、子どもが自ら学ぶことを教育の基本に据えている。競争などで学習を強制したりはしない。あくまで、自らが学ぶことが基本である。したがって、子どもたちは授業の中であっても休む自由も与えられている。グループ学習、教え合いを大切にし、マイペースで学べるよう工夫されている。これは、「異質生徒集団方式」と「社会構成主義的学習」という教育学理論として表現されている。

第三に、学校教育が最大の効果を上げられるよう、教師を専門家として信頼し、教師が働きやすい職場を作っている。そのために国の教育管理権限を最小限にし、地方自治体と学校、一人ひとりの教師に教育の権限を移譲した。教育行政は、授業を行い子どもの成長を総合的に支援するという専門性を教師が身につけ、それを発揮できるように教師を援助することに徹している。学力調査などは子どもと教師の支援のために使われ、学校や教師の出来・不出来を公表したりはしない。社会全体が教師を尊敬し信頼していて、教師とともに問題を解決していこうとする姿勢がある。

第四に、権利としての教育を福祉としての教育が包み込んでいる。小学校から大学まで授業料は無料だが、それだけでなく、高校までは教材や教具（ノート、コンパス、鉛筆などの学用品）、給食、通学費などさまざまな学習環境が無料なのである。また、高校生や大学生の下宿代には補助金が出る。学力を上げることが第一の目的ではなく、子どもが満足し充実する学校生活が主要な教育課題として設定されている。福祉社会であるがために、教育の成果が社会のものとして生きてくる。

そのことを、この章では検討してみよう。なお二〇〇五年にはPISAの好成績と関連して、フィンランドの教育に関する国際シンポジウムがフィンランド国家教育委員会の主催で三度開催されている。

第一回は、三月一四～一六日、「PISA調査に見るフィンランド、その結果の背景にある原因」と題するセミナーで、これはヘルシンキ大学との共催となっている。

第二回は、一〇月一〇、一一日、「PISA調査に見るフィンランド、結果を生み出した要因」と題するセミナー。ここでは教師養成が重点テーマとされていた。

第三回は、一二月八、九日、「PISA調査に見るフィンランド、基礎教育における学習と福祉の支援」と題するセミナーである。ここでは、特別なニーズの教育と学校作りが重点テーマとされていた。

筆者はこの三回のセミナーすべてに参加した。なお本書では、第一回PISAセミナーと呼ぶこととする。

フィンランドとはどんな国か

フィンランドの人口は、約五二〇万人で、日本の約二五分の一である。面積は、三三万八〇〇〇平方キロメートルで、日本とほぼ等しい。宗教は、ルター派キリスト教徒が八五％、正教派キリスト教徒が一％である。

表2-1　ヨーロッパ諸国の失業率

国名	%
スイス	3
オランダ	5
ルクセンブルグ	5
スウェーデン	5
アイルランド	8
オーストリア	9
フィンランド	10
イギリス	10
スロヴェニア	10
ベルギー	11
キプロス	13
スペイン	14
……	
ポーランド	39
エストニア	43
ラトヴィア	51

表2-2　ヨーロッパ諸国の平均家庭月収

国名	ユーロ
スイス	2661
ルクセンブルグ	2015
スウェーデン	1879
フィンランド	1570
ベルギー	1495
オランダ	1404
イギリス	1289
ドイツ	1199
フランス	1095
イタリア	997
アイルランド	919
オーストリア	914
……	
エストニア	181
ラトヴィア	168
リトワニア	146

＊2004年9月資料 *Eesti Päevaleht Postimees,* 8 September 2004. より作成。
＊フィンランドは失業率が小さく家庭収入も高い。

表2-3　国別国際競争力

	2003年度順位	2004年度順位	2005年度順位	競争力成長指数（GCI）
フィンランド	1	1	1	5.94
アメリカ	2	2	2	5.81
スウェーデン	3	3	3	5.65
デンマーク	4	5	4	5.65
台湾	5	4	5	5.58
シンガポール	6	7	6	5.48
アイスランド	8	10	7	5.48
スイス	7	8	8	5.46
ノルウェー	9	6	9	5.40
日本	11	9	12	5.18
イギリス	15	11	13	5.11

＊ *Global Competitiveness Report 2004-2005.* ならびに *Global Competitiveness Report 2005-2006.* より作成。
＊フィンランドなど北欧諸国は、国際経済競争力が強い。
＊2005年度は順位が途中で訂正され、フィンランドが2位、アメリカが1位になった。

まず真っ先に、疑問を一つ解決しておこう。いくらゆとりのある教育をしたとて、いくら福祉に力を入れたとて、貧しかったら何にもならないではないかと日本人ならすぐ考えてしまう。

さて皆さんは、フィンランドといえば何を思い浮かべるだろうか。サンタクロースとムーミンの国。シベリウスの作曲したフィンランディア。そして、歴史的にはレーニンとスターリンが初めて出会って、ロシア革命と民族解放思想を育んだ国である。そのおかげでフィンランドは独立して、初めて地図上に姿を現した。現在のフィンランドは、森と湖と「ノキア」の国というらしい。「ノキア」とは、携帯電話の世界最大手で、有名なＩＴ企業である。こうしてフィンランドは小国ながら生活水準も高く、経済力も高く評価され、ＩＴ産業の先端を走っている。しかも、教育の成果が経済活動に深く結びついているという。

経済状態は、表2−1、表2−2のように、ヨーロッパ諸国の上位にある。しかも、経済成長力も目を見張るものがある。日本ではダボス会議として知られている「世界経済フォーラム（World Economic Forum）」は、国別に「国際競争力」(1)を比較しているが、フィンランドはこの五年で三度も一位にランキングされており、政界・経済界からも高い評価を受けている（表2−3）。「競争力成長指数」（Growth Competitiveness Index：GCI）とは、安定した経済運営に対して適切な経済理論があり、適切な政策をとっているかを問うものである。フィンランドは公的施設がしっかり整っていて、社会環境の崩壊度が少なく、堅実に管理されているという。また企業は新しいテクノロジーをいち早く採用し、「技術革新の文化」（culture of innovation）を養っている。とりわけ、将来の高齢化社会に備えて財政措置を講じている点が高く評価されたという。アメリカが経済規模、そのパワーで高く評価されているのに対して、フィンランドは、それとは違うタイプ、堅実な運営と将来の安定性で評価されているというのである。また北欧の福祉国家五か国すべてが、一〇位以内に入っていることにも注目したい。

手厚い福祉国家であるにもかかわらず、というよりも福祉国家だからこそ経済の破局を食い止め、経済競争力を高めているのだというべきだろう。

ＰＩＳＡ２００３は、教育システムの働きと経済的な競争力および技術革新力とが密接に結びついている事実を示していると、ヨーロッパでは受け止められている。(2) フィンランドは高い生活水準を、国民本位の安定した、しかも活力ある経済によって作り出している。この源が教育である。

学校教育と社会の関連は、日本では薄いと言われる。経済活動が教育目的のすべてではないけれども、フィンランドは、いろいろな面でうまく対応している。スイスの調査研究機関「国際経営開発研究所」(IMD : International Institute for Management Development) が発表した『世界競争力年鑑』(World Competitiveness Yearbook) によると、「大学教育」に関する指数は、フィンランドは一位である（図2−1）。これに対して、日本の順位はきわめて低く、二〇〇〇年（四七位）と二〇〇二年（四九位）には調査国中最下位であった。この一例も、フィンランドの学びが社会で生きることと上手につながっている証になるだろう。

フィンランドの国の文化発展目標も、「国民の文化的躍動性」と表現されており、過去の伝統に縛りつけようとするというような後ろ向きなものではない。教育制度も、平等と福祉の原則に沿って、この

図2-1　大学教育が経済のニーズに合っているか

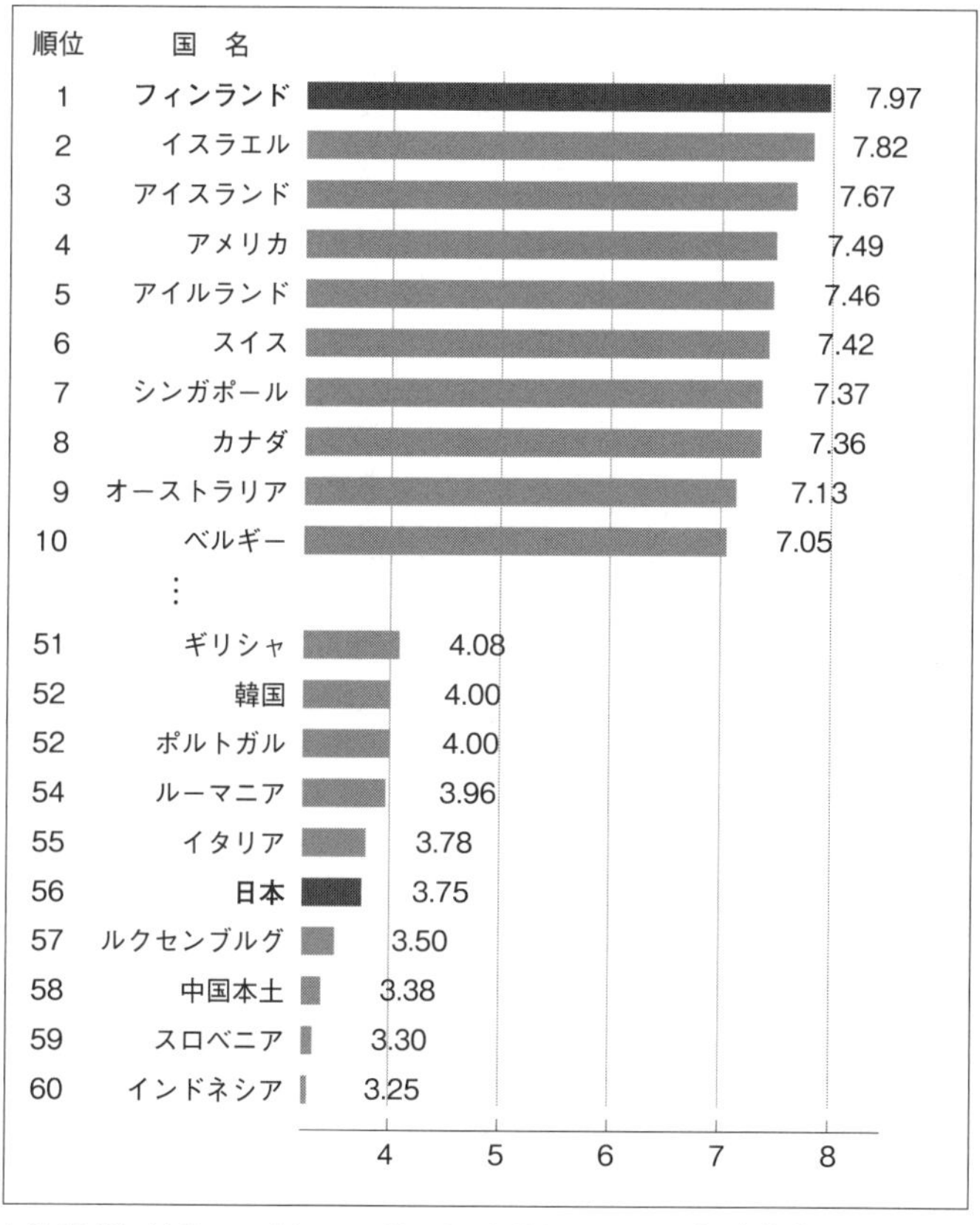

＊ *IMD World Competitiveness Yearbook 2005.* 603ページより作成。
＊フィンランドでは、大学で学んだことが社会生活の中ですぐに生きてくる。

一〇年、二〇年でどんどん改善が加えられており、じつに活動的だ。その間、失敗や落ち込みもいくつもあり、そのつど努力を重ね、三〇年近くをかけて現代の教育立国を実現したのだ。

世界一の秘密

さて、PISA2000の成績が予想外に悪かった国では一騒動が起きた。ドイツでは、「ピサ・ショック」といわれるほど、低学力問題がマスコミの話題となった。そこで、ドイツ連邦教育・研究省は、自国の教育政策のどこに問題があるのか調べはじめた。そしてこの研究には、カナダ、イギリス、フィンランド、フランス、ドイツ、オランダ、スウェーデンの七か国の研究者と専門家が協力することになった。比較分析する項目は九つに絞られ、ドイツ国際教育研究所から提案された。この項目をみると、学力は教育政策とどのような関係があるのか推測がつく。国別報告は統合されてOECDから正式な報告書として出版された(3)。フィンランド側の報告を以下に紹介してみよう。記載者名はユヴァスキュラ大学の教育学研究者ピルヨ・リッナキュラとなっているが、個人の見解ではなく国の正式報告に準じる内容と見なせるだろう。

第一に学校制度について、フィンランドでは、生涯学習の原則と、平等な教育機会を促進するという目標で、三〇年以上にわたる教育改革が動いてきたと報告されている。まず、教育目標が福祉的なものとしてとらえられ、長期に安定しているのである。

第二に、学校への責任委譲については、一九八〇年代と一九九〇年代に、学力(competences コンピテンシー）形成の分野で、国家主導から地方自治体が管理する学校行政へと転換した。実質的には各学校が、実践活動において自己決定を下すことができる。地方自治体は、基礎教育に関しては地方の教育目標とシラバス（syllabuses　教科課程）を決定し、後期中等教育段階ではこの点で学校の役割がより大きくなっている。こうリッツナキュラは指摘するが、この転換は、福祉国家の建設と財政再建・行政改革が重なって起きた現象である。

第三に、学校制度の監視については、調査と評価は政策や国家カリキュラムが定めるガイドラインと諸決定が正しかったかどうか確認することを目的とする。テストの結果は、成績の悪い学校を見つけて支援するためであり、教師と校長も評価の対象となるが、「学校改善を支援する道具」と見なされているという。もちろん名前など一切公表されない。平等な教育条件を保障することが目的なのだ。

第四に、支援制度の組織として、「情報による統治（governance by information）」という新しいモデルを作り出していると報告されている。たとえば、中央は教育など公共サービスに関する専門的知識や情報などを収集して公開する。すると、各自治体はそれをモデルにして、力のある自治体はそれ以上のものをめざすのである。

行政的・命令的に政府組織を動かすというよりは、規制緩和した後の行政は、管理ではなく支援に徹するわけである。中央はデータに基づいて社会的ルールの大原則を提示し、各自治体は現場の条件に合わせて創造的に実現していく。

第五にフィンランドでは、「標準」という用語は避けられている。厳格に定められたテストの標準は、

「学校発展に関する北欧哲学」では認められていないのだ、と。

フィンランドでも、「達成されるべき成績のミニマム」は定められている。これは、将来の進路を選択する意味でも、また「平等の学習機会」を達成する意味でも、「公平原則を実現することを目的としてきた」と報告されている。

つまり、子どもたちの発達の基準が国家によって画一的に定められ、それが強制されるわけではなく、発達の土台を誰もに公平に確保して、その先に多様な学びを保障しようというのである。

第六に、教育過程の組織は国家カリキュラム大綱に沿って、地方自治体と学校が独自のカリキュラムを発展させると報告されている。この意味は、国家カリキュラムをモデルにしながら、その地域と学校にふさわしいものに具体化し、よりよいものがあれば修正してもよいということである。

評価は自己評価を重視し、テストを重視しない方法をとっている。学習の進捗《しんちょく》は、個々の生徒のレポートで把握される。生徒は、自己観察と自己評価を行うよう促される。

また、イギリスなどで採用されている義務教育修了段階での、またヨーロッパの主要国で採用されている中等教育修了の国家的な資格試験は、フィンランドにおいては行われていない。

特別学校には二・五%の子どもが通うだけで、一般の教室は生徒の能力や生活背景の点では異質集団で構成される。そのために、教師は必要な場面ですぐにグループを作り、生徒は小グループで学習することになる。このグループは生徒の興味に応じて編成されるもので、知的潜在能力によるものではない。

能力混合クラスは、より達成度の低い生徒にはきわめて都合良いと報告されている。教師は、異質集団の生徒を対象に授業できるように訓練されている。

カウンセリングは広く展開しており、生徒を支援する。学習困難を抱える生徒は、週一、二回、個人授業や小グループ授業に出席し、教室内外で特別支援教師から支援を受ける。

第七は、移民の子どもたちへの対応である（これについては、本書第4章で詳しくふれる）。

第八は、生徒間の差異の克服である。フィンランドでは総合制学校がつくられ、全力をあげて目標達成に取り組んでいる。フィンランドの学校は、低い社会的要因と高い成績水準とを結びつける（つまり、社会的・経済的な環境の悪い子どもでも良い成績をとっている）ことに成功し、また、さまざまな能力の生徒が自分に期待される進路につくことができる、すぐれた政策を発展させてきた。

このように、リッツナキュラは報告している。

この総合制学校とは、中等教育段階で進学向きの普通科学校と、就職向きの実業学校あるいは職業学校に分岐していた学校制度を統合し、普通教育の充実を図ったものである。イギリスもフィンランドも同じ総合制学校（総合学校、コンプリヘンシヴ・スクール）と呼び、イギリスでは多くの中等学校が、フィンランドではすべての基礎学校（小学校と中学校）がこれにあたる。総合制学校にすると、子どもたちの教育目標は多様化してしまうが、教室の中で一人ひとりに対応して十分な教育を行うべきだと報告書は答えていることになる。

第九として、教師の専門性の開発については、修士号を必要とする国内で統一的な教師養成制度をとっている。ひとたび現職になると、制度的な個人別教師評価は行われない。教師評価は、教師の勤務条件や、どのような研修を希望しているかに焦点が当てられると報告されている。

この報告書のくだりは、少し説明を要するだろう。現職の教員を比べる社会的な査定とか人事考課制度はないということである。個別の教師の活動に関して評価するとすれば、通勤や残業など勤務条件が悪くなっていないか、力量不足で、あるいはよい方法が見つからずに悩んでいないか、それに対してどのような教職研修を用意したらよいかということを、行政がチェックすることが教員評価ということである。

PISA2003の成果については、これまでの分析を活かして、各国政府はすぐに反応した。なぜPISA2003でうまくいったのか。フィンランド国家教育委員会は、次のように公式に説明している。(4) これは英語で公開されているので、各国各界の取材に対する正式見解にあたる。
①家庭、性、経済状態、母語に関係なく、教育への機会が平等であること。
②どの地域でも教育へのアクセスが可能であること。
③性による分離を否定していること。
④すべての教育を無償にしていること。
⑤総合制で、選別をしない基礎教育。
⑥全体は中央で調整されるが実行は地域でなされるというように、教育行政が支援の立場に立ち、柔軟であること。
⑦すべての教育段階で互いに影響し合い協同する活動を行うこと。仲間意識という考え。

⑧生徒の学習と福祉に対し、個人に合った支援をすること。
⑨テストと序列づけをなくし、発達の視点に立った生徒評価をすること。
⑩高い専門性をもち、自分の考えで行動する教師。
⑪社会構成主義的な学習概念（socio-constructivist learning conception）。

最後の項目、「社会構成主義的な学習概念」という表現には驚かされる。誤解を受けそうな不十分な和訳になっているが、「社会的な構成主義による学習という概念」と訳せばより正確になるだろう。長くなるので「社会構成主義」と短縮して訳すことにする。その意味は、学習には生徒の積極性が重要で、それを保障するのは教えるのではなくて学ぶという行為に委ねるということである。

このような言葉を使っても通用する社会ということは、教育界や社会に相当水準の理念的な一致が作り出されているということにほかならない。後日、第二回PISAセミナーで、イルメリ・ハリネン国家教育委員会普通教育局長に質問してみた。「社会構成主義的な学習概念」というのは高度な概念だと思うが、これは教育界の「共通理解（common base）」なのか、と。すると彼女は、「そのとおりだ」「どの教育者にもこれは共通に理解されている」と胸を張った。そのせいか、第三回PISAセミナーになると、彼女は「学習の概念」として四点を指摘したが、その一つが「社会構成主義、生徒の積極的な役割」であった。

さて、PISAの結果が公表された同じ日、トゥーラ・ハータイネン教育大臣（当時）も次のように指摘している。(5)

・フィンランドの教育制度は、基礎教育に関して、社会的地位や性、民族的背景にかかわらず、すべての子どもと若者に平等の機会を保障している。教育は無償であり、学校給食、遠足への支援、福祉サービスなど、同等の広範な恩恵を誰もが受けている。
・われわれは、高度な教育を保障する教師養成に特別な配慮を払ってきた。
・フィンランドでは、教育を提供する責任を地方自治体に、すなわち子ども、若者、そしてその家庭に近いところに任せた。フィンランド人は教育を信頼しており、フィンランドでは家庭と学校、さまざまな行政機関とが協同するという長い伝統を持っている。

また、今後なすべきことを彼女は、次のようにまとめている。

・校外で起きている諸問題は、いずれ学校にも入ってくることは避けられない。学校はそれらを排除したい。われわれは、この現象と格闘しなくてはならない。同様に、生徒に対する福祉の必要性が高まってくる。
・われわれは、学校の中で生徒の態度と価値観に働きかけなくてはならない。今年のテーマは、学校において生徒が満足し充実（well-being）していることである。
・フィンランドが直面している構造的課題は、年齢別人口が不均衡に減少傾向することと、多数の教師がこの数年間に退職することだ。このことは、教師養成の主要な課題となってくる。教育の専門性と教師の労働条件について、このことを考慮せざるを得ない。教育の専門性が魅力ある職業選択であり続けること、これだけが保障となる。

テストの点を上げようなどということは眼中にないようだ。彼女の指摘でとりわけ、教師の質の確保に大きな配慮をしている点は特筆に値する。しかも、教師の待遇をよくする方向に向けられている。

フィンランドの学校教育とは

フィンランドの国内総生産（GDP）に対する教育公財政教育支出の割合は、二〇〇一年度では五・八％である。それに対し日本は、三・五％である。

フィンランドの学校制度をみると、次のようになっている。二〇〇三年段階で、基礎学校三七四四校、普通教育学校四八七校、職業専門学校二八一校、高等職業専門学校三一校、大学二〇校となっている。また生徒数は、基礎学校に五八万人、普通教育学校に一二万一〇〇〇人、職業学校に一七万四〇〇〇人、高等職業専門学校に一三万人、大学に一六万八八〇〇人である。

制度図（図2-2）で見ると、基礎学校は九年一貫学校のように見えるが、現在も古い六・三・三制が残っており、実際には日本のように小学校、中学校、高校と分かれていると考えてよい。少数だが、地域によっては四年制の小学校があったり、九年一貫学校ができていたり、六―六制で小学校と中高一貫学校があったりする。学年暦は、地方自治体で決められる（表2-4）。一般に二学期制だが四学期制もある。年間授業日は一九〇日である。

基礎学校への入学は、七歳になった八月。しかし正当な理由があれば、個人に応じて六歳でも、八歳でも入学してよい。六歳で入学するというのは、地域に保育園がないから小学校付属就学前クラスに入

図2-2 フィンランドの教育制度

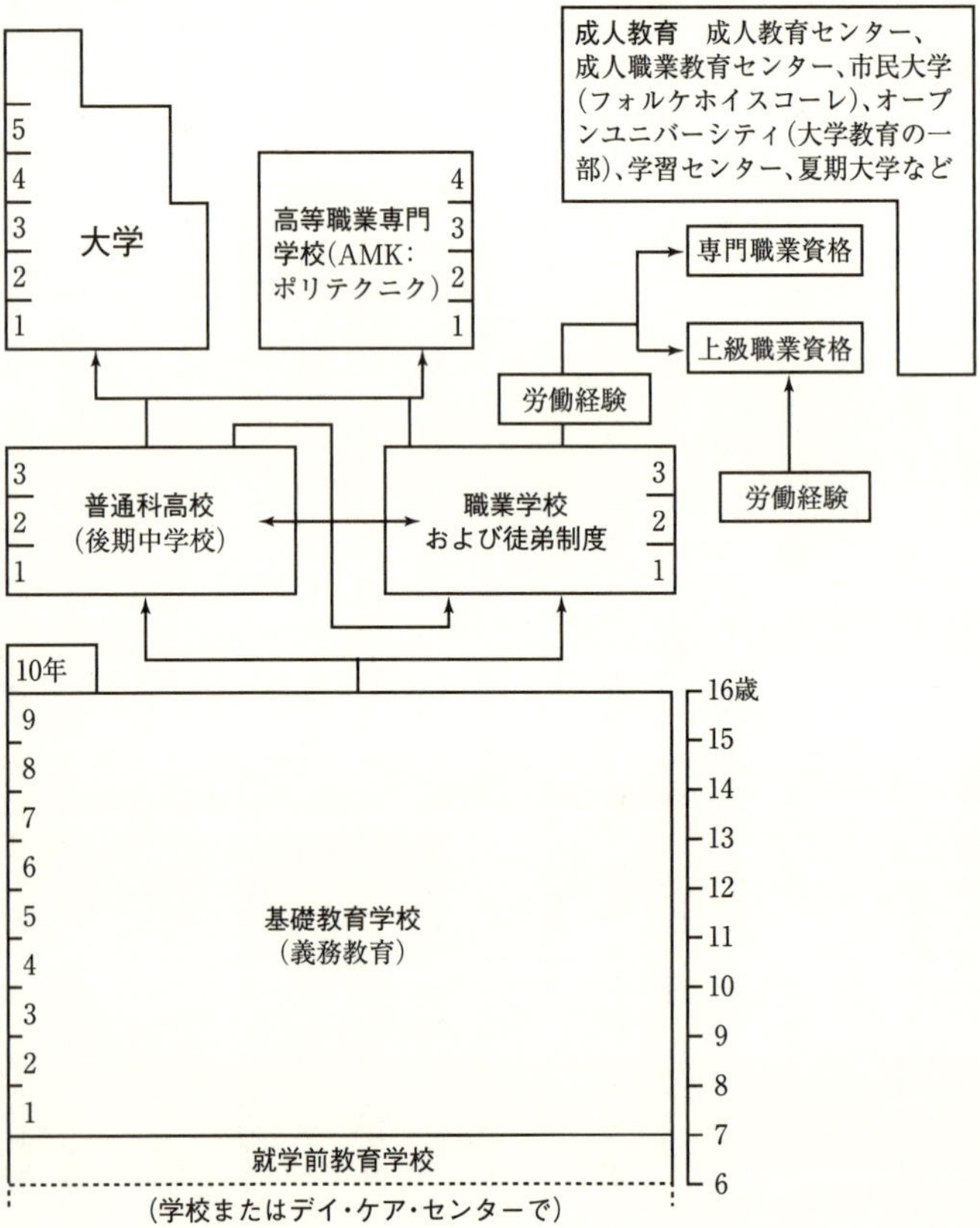

＊ Finnish National Board of Education. National Core Curriculum for Basic Education 2004. Vammalan Kirjapaino Oy, Vammala, 2004. を修正。

＊フィンランドの教育制度はいろんなルートがあり、いつでも学べるようになっている。

表2-4　エスポー市の学年暦（2005/06年）

秋学期	8月16日～12月22日
秋休み	10月20日～10月21日
クリスマス	12月23日～1月8日
春学期	1月9日～6月9日
春休み（スキー休み）	2月20日～2月26日
イースター	4月16日～4月22日
夏休み	6月10日～8月15日

＊ヘルシンキ市の学年暦では、春学期が6月3日までとなっている。いずれも、夏休みは2か月たっぷりある。

るというような理由であって、急いで早く卒業しようというわけではない。

たいてい地元の学校に通うが、どうしても教師と合わないとか、母語教育など選択授業の違いでそれ以外の学校を選んでもよい。

基礎学校の最終学年には、主要教科に四～一〇点満点で評点が出て、その評定平均値で進学校が決まる。評点は、学校ごと、その教科の担当者が基準に基づいて決める。成績が良くない場合には、本人の希望でもう一年（一〇年生）、無料で教育を受けられる。これには、延べ一一〇〇時間にわたる専用カリキュラムが組まれ、これに相応した教科書もある。

一〇年生の存在は、ゆっくり学ぶ子にとっては有利である。また移民の子どもたちにも、利用価値がある。一〇年生を修了して職業学校に入学すると、一年飛び級できる。普通科高校に入学しても、単位を取れば卒業できるので、実力があれば二年で修了も可能である。職業学校は日本でいえば職業高校だが、就学年齢や就学形態が多様なため、職業学校と一般的に訳している。

一九九九年では、生徒の五五・四％が普通科高校に、三五・〇％が職業学校に、三・〇％が一〇学年に進学し、一・四％が就職、〇・二％が恩給受給者、六・七％がそのほかの活動、〇・一％が国外在住となっている。恩給受給とは、障害があって働けない場合に適用されるのだそうだ。二〇〇二年時点になると、普通科高校に五五％、職業学校に三七％、一〇年生に二％、そして「直接には進学しなかった(did not continue directly in education)」者六％となっている。この直接に進学しない者という分類は、何らかの社会経験を積みながら勉学は続けていくという「生涯学習」の発想に基づいた呼び方で、進学を捨てて就職するというような理解ではない。また、かなりの障害があっても、それに対応する職業学校が作られつつあるようだ。フィンランドの教育では、職業学校への進学率が多いこと、しかもわずかにせよその率が上昇していることは注目されるだろう。

では落第はあるのかと調べてみると、

「きわめて少数の子どもだけが学年を繰り返す必要がある」(6)

となっている。落第はないと答える人もいるくらいだ。

高校間格差はほとんどないので、たいてい地元の学校に進学する。普通科高校の一年は五～六学期に分けられている。学年はなく、生徒は選択した教科の単位を取る。大学入学資格試験委員会が実施する大学入学資格試験が年に二回(春と秋に)あり、連続した三回の試験のうちで、指定された四科目に合格すれば基礎資格が得られる。そのほかに、将来の専門性に必要な教科の学習をする。目標がはっきりしているので、おしゃべりをしていたり遊んでいたりする生徒はまずいない。四科目で受験する大学入学資格試験の設問は、どれも記述式で、知識をどう応用するかが問われる。そうなると採点はまちまちではないかと問うと、「大丈夫」という答えが返ってきた。評価のチェックポイントは決められている。そのチェックポイントに基づいて、まずその高校の教師がA、B、C、Dという段階で評価する。次に、試験委員会が同じチェックポイントに基づいて評価する。二つの成績が一致すればそれでよし、一致しなければさらに検討委員会にかけられる。この三段階を踏むことで何ら問題はないという。

大学入学資格試験の評点は、相対評価でつけられる。段階別に、七（五％）、六（一五％）、五（二〇％）、四（二四％）、三（二〇％）、二（一一％）、〇（五％）と規定されている。こんな数字が出てくるのなら競争ではないか、とまたまた筆者は悩んでしまう。

二〇〇五年一〇月一三日、フィンランドのほとんどの教師が参加するフィンランド教育組合での筆者とのやりとりを紹介しよう。この時は、マリヤッタ・メルト参事のほかに、機関誌『教育（Opettaja）』のヒッレヴィ・トルッケリ記者が同席した。

「成績がつくのなら、できの良い高校、できの悪い高校が分かるではないか」

「今年、テレビ局が独自に調査して、高校別の大学入学資格試験の成績を報道した。教育省は、それが事実であるとも、事実でないともコメントせず無視した。国民の誰も騒いでいない」

「点数の高い高校に受験生が殺到するのではないか」

「それは、他人の点数だ」

「……（唖然として、ことばが出ない。他人のせいにするなということか？）……」

「しかも平均点だ。英語と数学の平均点を出して、何が出てくるのか。自分が何を学びたいかが重要だろう」

「……」

「そのうえ、八科目勉強して四科目受けたのか、四科目だけ勉強して四科目受けたのか条件も違う。数学に力を入れている学校はあるが、数学のできの良い学校とは限らない。できが悪いから力を入れるのだし。平均点の高いところに行っても、勉強するのは自分だろう」

「でも、少しでも条件の良いところに行けば、勉強もやりやすいのではないか？」

「どこでも学べるようになっている。これは生徒本人の問題だ」


彼女たちとの会話は、こんな具合だ。確かに、学ぶのは本人であって他人の点数は基本的には問題ではない。しかもフィンランドの試験問題は記述式なので、単なるトレーニングだけでは点は上がらない。さらに、点の取れそうな科目を選ぶのではなく、将来の職業に必要な科目を選ぶわけで、目標は実力がつくことであり点数をとることではないわけだ。こう解釈しても、筆者にはなかなか納得いかないのだが、フィンランドでは社会全体がこの論理で納得して動いているのだ。


話は高校教育から基礎教育に及び、筆者がフィンランド側に、あまりに基本的なことを何度もしつこく聞くものだから、とうとう通訳の途中に業を煮やして菊川由紀さんがピシャリと言った。

「フィンランドの学校は、できない人の底上げはするけれど、できる人は放っとくんです。だってできるんだから」

インタビューの会話からすると、このことばが一番ぴったりとフィンランドの教育原理を言い当てている。しかも、そういう考えが市民の中にも行き渡っているという。

「放っとく」というのは、特別のことをしないで、普通の教育をするということで、フィンランドではこの普通の教育が一人ひとりに個別に対応できるようになっているということである。さらにマリヤッタ・メルト参事からは、

「そもそも、学校は生徒の成長を支援するところだ、そう『教育法』に書いてある」

とダメ押しされた。

「基礎教育法[7]（Perusopetuslaki）」（一九九八年成立、二〇〇四年改正）によると、教育の目的は、

「人間性、および倫理的に社会の責任あるメンバーになるという点で生徒が成長するのを支援すること、ならびに人生に必要な知識と技能を提供することである」（二条一項）

また、

「教育は、社会における文明化と平等、教育に参加するための生徒に必要なものを促進し、そのほかにも生徒の生活を通して発達することを促す」（二条二項）

となっている。子どもも教師も、また親も、テストの点数よりも将来の人生を見据えているということに尽きるのだ。

あるいはまた、学ぶのは自分であり、多少の教育条件の違いは問題にならないという理解が行き渡っ

ているようだ。教育環境を良くするにこしたことはないが、もっと重要なことがあるでしょう、そうフィンランドの教育が問いかけているようだ。

大学に入学するには、大学入学資格試験の成績と、大学個別の入学試験の成績で決定される。大学の個別試験は、学部ごとに専門の勉強が可能かどうかが確かめられる。たとえば、先述のマッティ・メリ教授の説明によると、ヘルシンキ大学の教育学部では、大学入学試験は、ペーパーテスト、適性検査、個人面接の三つになっている。ペーパーテストといっても、知識の量を問うものではなく、本を一冊渡してそれについて一枚の紙に自分の考えを記述するというものだ。その中身を見て、教育に関連してそれまで学んだ知識や今後の学習可能性を読み取る。適性検査は集団面接である。その中で何を発言するか、発言のプロセスにどのように加わり、リードしたかをみて、教師としての適性を判断するという。発言できなかったり、何を言っているのかわからないというのではダメだが、一方的にしゃべりまくるというのもダメだ。そして個人面接では、子どもをどう考えるかから始まって、自分の研究計画まで確かめる。

個人面接では、それぞれが教師になる抱負を語るという。中には、教職経験を語る者もいるという。「資格を取るために大学に入学するのに、その前に教職に就いているのは変ではないか」と質問すると、教育学部に入学するのは難しいので、地元の学校で教師補助をしながら浪人しているのだという教授の説明があった。

大学入学資格試験に合格しても、大学に入学するまで、平均で二、三年かかっているという。社会経験を積みながら自分のやりたいことを探っているということのようだ。

いわゆる大学のほかに、高等教育機関として高等職業専門学校がある。これは専門学校を再編して、一九九六年に高等教育機関に編入されている。ここでは、ビジネス、保健、技術などの実践的な専門教育が行われる。二〇〇〇年時点で、この高等職業専門学校は、地方自治体立七校、自治体連合立一一校、企業立八校、財団立三校となっている。[8] 地域の経済に密着して、世界的に見ても、効果の高いシステムと評価されているようだ。

大学には同年齢の約三〇%が、高等職業専門学校には約三五%が進学している。この数は、近年急増しているのだが、両者を合わせれば、高等教育に匹敵する教育機関に約六五%が進学し、このほかにも成人学校で学んでいるというのだから、フィンランドは世界有数の高学歴社会といってよいだろう。

一人たりとも落ちこぼしは作らない

一九六〇年代と一九七〇年代において、北欧諸国では福祉国家の概念が確立された。フィンランドにおいても、多様な人間が共存し助け合う平等な社会が国民の合意となった。教育界においても、福祉国家の理念が具体化されることになる。

まず、一九七二年になると、一一歳で進学向きと就職向きに教育内容を分ける分岐型教育制度（ストリーミング）は廃止され、総合制学校（コンプリヘンシヴ・スクール、総合学校）に転換された。だがそれでも、習熟度別クラス編成（トラッキング）は残された。それは、数学と語学は三段階に、またそのほかの教科は二段階にして、上位は進学に、下位は就職向けにクラスを分けていたのである。このような校内の選別は、これに反対する教師たちによって、一九七二年から八二年にかけて徐々に廃止されていった。この長年の努力は、ついに国民的合意となり、また教師給与の一〇％引き上げを契機にして、習熟度別編成は一九八五年に完全に廃止された。給与の引き上げは、統合学級になれば生徒の学力差が大きく、それだけ教師の負担が増えるからその負担に対して増額したという意味である。

四〇年にわたる学校改革を振り返りながら、第二回ＰＩＳＡセミナーの席上で、キルシ・リンドロース国家教育委員会委員長は、

「最も重要なことは、同質能力集団方式を廃止したこと、余剰教育資源を中学校教育に投入したこと、政策決定力を地方分散させたことである[9]」

と指摘している。

そのいきさつは、

「一九八〇年代に習熟度別編成が放棄されたのだが、その理由の一つは、低学力クラスが主として低い社会・経済的背景を持つ男子生徒で構成されていたからである[10]」

と彼女は説明している。習熟度別編成の廃止は、ある種の社会問題への対処であり、「平等化」が最も大きな理由であったということだ。

フィンランドの教育研究者たちは、習熟度別編成は長期的に見て「できる子」にはよい影響を与えず、「できない子」にとっては何らプラスにならないと分析し、習熟度別編成をやめるべきだと判断を下し

た。つまり、できない子の救済にはならないと分析したのである。教育研究者は、授業と教育学を欧米社会に広く見られていた習熟度別編成方式から、統合学級方式、フィンランドの教育学でいう「異質生徒集団（heterogeneous student groups）」方式に取り替えたのである。

ユヴァスキュラ大学のヴァリヤルヴィ教授ら教育学研究者の表現では、

「フィンランドの総合制学校がまだ建設途中であった一九七〇年代と一九八〇年代に行われた研究が示すところでは、また、PISAのデータの示すように、異質集団編成（heterogeneous grouping）が、できない生徒には最大の恩恵となり、逆にできる生徒の成績は集団編成方法にかかわらず同じであった(11)」

となる。したがって、学力の学校間格差は小さいが、学校内格差は大きい。PISA2003の結果を見てもそのことがわかる。フィンランドは統合学級でありながら、多様な学力の子どもたちに個別に対応するという難しい教育に突入していったのである。だが、困難でありながら、それを現実にうまくやり遂げている。この結果、生徒間の学力格差は小さい（たとえば表2-5の標準偏差）。PISAの評価でも、OECD教育局のシュライヒャー指標分析課長のことばによると、次のようになる。

「フィンランドは、高度に個人別指導を取り入れた学習環境を生み出すことで対応しました(12)」

「PISA調査で成績の良かったのは、非常に包括的な学校制度と同時に、きわめて個別化の進んだ学習機会を生徒に与えている国です(13)」

フィンランドでは、統合学級でありながら個々の生徒の進度に合った教育を展開している、できない

表2-5　PISA2003における数学的リテラシー得点に関する学校間と学校内でのばらつき

国　名	数学的リテラシー得点		OECD相対分散(A+B)	学校間分散(A)	学校内分散(B)	学校間分散割合(A/A+B)
	平均値	標準偏差				
フィンランド	544.3	83.7	81	3.9	77.3	0.048
韓国	542.2	92.4	99	42.0	58.2	0.420
日本	534.1	100.5	116	62.1	55.0	0.530
フランス	510.8	91.7	96	43.7	51.6	0.459
ドイツ	503.0	102.6	108	56.4	52.6	0.517
アメリカ	482.9	95.2	105	27.1	78.3	0.257
イタリア	465.7	95.7	107	56.8	52.0	0.522
OECD平均	500.0	100.0	100	33.6	67.0	0.336

＊国立教育政策研究所編『生きるための知識と技能②』ぎょうせい、2004年、287ページ。

＊フィンランドでは学校間の学力差は小さく、学校内の差は大きい。そして、生徒間の学力差（表中の標準偏差）はもっとも小さい。日本では生徒間の学力差が大きい。ただし、高校1年生が対象なので、中学よりは学校間分散が大きく出ている。

子を極端に少なくしているというのである。現場において平等と個別のニーズとの微妙なバランスをとることが、専門家としての教育者の仕事ということである。

読解力についてはいうまでもなく、一般に習熟度別編成がよく採用される数学という教科についても同様の結果が出ている（表2-5）。これに対して日本の国立教育政策研究所も、

「フィンランドは得点も高く、分散も小さいことから、相対的に『すべての生徒の数学的リテラシーがすべての学校で高い水準にある』という一つの理想像に最も近い結果を示していると言える」⑭

と高い評価を下している。

フィンランドの教育指針は、子ども中心民主主義である。「どの段階でも選別はありません」と、ヤリ・ラヤネン教育省参事は言う。どの生徒も同じ教

室で教えられており、習熟度別編成(ストリーミング)のようなものはありません、と。(15)

トゥーラ・ハータイネン教育相(当時)も、国際学力調査の好成績の原因を説明しながら、

「私たちは、学校でできる子とうまくいかない子とを分けたりしません」

と言い、

「複数の研究によると、異なる進路にあまりに早期に分けることは危険だということです」

「九年間、すべての子どもたちに対して投資をして、同一の教育を与えれば、最善の結果が出ると信じています」

と、こう自信を持って語っている。

「アイスホッケーみたいなものですよ。私たちは、できのよい子だけではなく、すべての女子も男子もプレイさせます。私たちはこのフェアー・プレイによって、誰にも、自分の技能を実践する同一のチャンスを与えることができます。こうして、もっともできのよい子を見つける方法をわれわれは手にしているのです(16)」

と、北国らしいおもしろいたとえで彼女は説明している。

さらに、フィンランドの教育関係者は、

「教育というボートに乗った子どもは、一人たりとも落とせない(17)」

と、しばしばこうしたことばを語る。教育学研究者たちも、次のように言っている。

「フィンランドの教師は、一人の生徒も排除されたり、別の学校に追放されたりするようなことが

あってはならないと自覚している」[18]

フィンランドには、テストがほとんどない。それは分ける必要がないからであり、分けることをよくないことと考えているからである。

フィンランドでは、特別なニーズのある生徒は、約二割いるといわれている。特定の科目に遅れが生じた場合には、成績不振者を二～五人の小グループで、時には一人でも、週一～三回、担任、担当教科の教師または普通学級補助員が補習授業を行う。補助する授業は、たいてい、小学校では国語、外国語と数学、中学校では外国語である。情緒障害、身体障害などを理由に特別学級を作ることもある。だが一般的に特別学級を編成しても、その多くは就学前学級（六歳）から小学二年生までとし、小学三年生からは統合学級に統合するように努力している。この場合、障害のある子どもが一人でもいれば、たいていの自治体では、統合学級の担当者に加えて特別支援教師ないし養護教師が加配される。このように、平均集団から置いていかれる子どもの底上げは徹底して行う。一人ひとりが自ら学ぶというのが原則なので、できる子の特別教育はしない。「だってできるんだから」ということだ。

学習障害者に対して効果の出るように、それなりの専門的教育の理解を持ち訓練を受けた資格のある特別支援教師が当たる。この教師の資格は、大学院で専門のコースを専攻するか、一年間の専門コースの履修をすればよい。また移民の子どもにフィンランド語を教える場合には、いわゆる国語の免許ではなく、母語でない言語として、「初歩から学ぶフィンランド語」という資格を持った教師が教える。授業は別室で行われることもあれば、特別支援教師が一般の授業にも出て授業の補助をすることもある。

統合学級の授業と並行して別室に「取り出し」て、同じ教科の授業をすることもあれば、朝一時間目などの空き時間に追加的に補習をする場合もある。成績不振者を多く含む場合には、クラス人数を減らすなどの措置をとっている学校もある。こうした特別支援教師や普通学級補助員は地域の予算と家庭事情などを考慮して加配されるが、大半の基礎学校に配置されている。

しかし、「異質生徒集団」方式、統合教育が大原則だ。特別授業は、一般に成績が落ちてくると一時的に利用する程度で、ずっと固定するクラスではない。メンバーが固定するようでは、特別支援授業の効果がないということにもなる。また、この授業の受講は親や本人が申し出て、本人の納得のうえで行われる。やる気が出てこそ効果が上がるのであり、やって良かったという満足感を本人が持てるのである。できの悪い生徒を切り捨てようという意図はさらさらない。

また、早朝一校時にはモーニング・アクティヴィティが、また放課後にはアフタヌーン・アクティヴィティがある。現在は、これらを小学一、二年生に保障することが地方自治体に義務づけられている。三年生以上への実施の仕方は、自治体の判断に任されている。この時間帯の教育は学童保育の役割も果たすが、成績不振者向けの補習にもあてられる。

PISA2000の結果を受けて、イギリスの新聞は次のように書いた。

「たとえばフィンランド、カナダ、スウェーデン、香港のように、学業成績や社会的な背景によって、生徒を学校別に分け隔てしない国に比べると、イギリスの学業成績の結果はさほどよくないという包括的な結果が出た(19)」

このような分析は、ＰＩＳＡ２００３においても変わらない。落ちこぼしのないことが高学力の秘訣である。それは、平等な教育によって保障される。フィンランドでは、その実現のために、特別な手だてがいくつも打たれている。

評価の意味するところ

評価は日常的に行われているといってもよい。日常的にその子どもの学力は教師によって把握され、そのつど適切な対処がなされるので、序列をつけたり、他人と比較するためのテストはない。つまり、教師が、自分の授業に即して、教室内で、必要に応じその場でその時に評価できるということである。

制度的には年二回、秋学期と春学期の末に通知票が渡される。評価には自己評価が重視され、小学校では自己評価が通知票に記載される。

小学校一～二年生では点数化された評価はなく、文章表現のみである。三年生以上は、評点を出してもよい。八点を望ましい状態として、その基準を各地方教育委員会が定めるので、それを参考にして各教師が四～一〇点という評価を出す。四は不可、五は合格、六は可、七はやや良い、八は良い、九は優秀、一〇は特に優秀、といった具合に解釈される。評価は文章、評点のどちらでもよいが、それらを組み合わせてもよい。多くの学校では、小学校の後半から評点に切り替えているようである。小学校では、自己評価のウェイトが高い。

中学生になると、教師の評点にウェイトが移り、九年生末（三月）には最終成績（ファイナルアセス

Kouluissa paineita uudistaa työelämään tutustumista

Tekno-tet houkuttelee nuoria teknologiateollisuuteen

TIETOKULMA

Työelämä koulussa

Lukioon vai ammattikouluun?

３月になると、中学３年生に、最終成績（ファイナルアセスメント）が渡される。子どもたちにとっては緊張する瞬間だ。新聞に掲載された、最終成績表を受け取った生徒たちの写真
（*Helsingin Sanomat*, March16, 2005）

メント）がつく。評定の基準は国家教育委員会に附属する全国的な評価会議によって決められており、これに基づいて各学校の各教師が専門性を持って判断する。しかし絶対評価であって、他人との比較ではなく、学校を超えた統一試験のようなものもない。あくまで個人の到達度を測るもので、個人や学校を序列化することはしない。

最終成績は、国語、自然科、外国語など主要教科の評定平均値であるが、基礎学校を修了する基準は七点以上とみなされる。生徒は、最終成績をみながら、志望校を第五志望まで書いて進学希望校に提出し、合格を待つ。

一六歳まで、他人と比較するためのテストはない。市販テストも偏差値も流通していない。せいぜい評定平均をつける程度にとどめられているのは、基礎学校段階では「標準（standards）」という用語は避けられており、「社会構成主義」と相まって解釈す

れば、フィンランドの教育学が、子どもたちの能力発達に枠をはめてしまうことを何よりも恐れているということだろう。

高校の合格が中学の評定平均という点数で決まるというのなら結局競争ではないか、と日本人である筆者は思ってしまう。この点を質問するとフィンランドの教育関係者は、

「仕方がないじゃないですか、本人がそうなんだから」

ととりつく島もない。筆者が不満そうにしていると、

「もし不足なら、もう一年、一〇年生をやればよい」

「本気でそう思っているのなら、もっと前からやっていただろう」

と、追い打ちがかかった。もちろん、フィンランドはどこに行ってもいつでも学べるようになっており、どう学ぶかは本人しだいという大前提がまずある。そして、本人の将来は本人が決めていく。自分の興味や関心、自分の得意とする能力などを考慮して、また将来に向けて勉強して職業を選び取っていく。テストの点数は一通過地点の一部の評価にすぎず、それをもとにすべてが決まるわけではなく、フィンランドの子どもたちはもっと長期的に人生を判断し、しかも将来の犠牲になることなく、今、人生そのものを生きていると解釈するほかはない。また、その時にベストの道を選択するのであって、それが人生への不利になるとかチャンスを失うなどとは考えられていないということだ。さらに、多様な道が社会の中で意義あるものと認められており、人間を単純な点数で一列に並べたりしないということだ。ここにあいまいさも生まれるが、それが多様な可能性としてこの社会では生きている。

地域の一斉テストもなしに、校内だけで評価してよいのなら、手心を加える教師は出てこないのか。こんな疑問も出てきて当然だ。

「だって、自分のつけた点がフィンランド中に出まわったとき、あの学校の誰の評価がおかしいということになる。あいつはこんなものかと思われたくないじゃないですか」

というのが教師側の一般的な説明であるようだ。人々は教師の専門性と指導力を信頼し、あいまいさを指摘するよりは、教師はひいきをせずに正確に評価していると考えている。教師のほうも、その生徒に一生ついてまわる点数だから、フィンランドの社会に通用するレベルで評価しようとする。現在、国も共通理解をより一致させる方向で調整を試みているのだが、厳密な点数をつけようという意図はない。市販テストがそれほどないために、「テストバンク」という教育団体があって、そこからテスト問題を借りることができるというくらいだから、カンニングしたとか問題漏洩などに気をつかってないことが分かる。知識の「当たり外れ」でなく、知識を使って応用するという視点で評価されるからだ。

要するに中学（基礎学校）卒業後は、職業資格を取るために職業学校に行くか、大学または高等職業専門学校（AMK：ポリテクニク）に進学するために普通科高校に行くかを判断すればよいということのようだ。世間的に普通科高校と職業学校のどちらがよいという見方はない、といわれるほどである。実際には、大まかな学力差はあるのだが、職業学校への進学者が途中で普通科高校に転校したり、大学にも進学できるようにして、不利益を被らないような学校制度を作り上げている。また、就職しても、有給で、または休職して学べる時間も保障されており、いつからでも、どこからでもその気になれば学べる制度になっている。フィンランドはそもそも週三七時間労働であるから、働きながらいつでも学べる時間はたっぷりある。

さらに、普通科高校間あるいは職業学校間の格差もほとんどないので、学校名をほぼ考慮する必要がないということのようだ。要は生徒個人がどう学ぶかがすべてであり、どこも同じような学校が作り出されているので、どこに行っても学べるということなのだ。

普通科高校では、一九九四年に学年制が廃止され、単位制になった。六週間三八時間で一単位になり、数学なら最低六単位、最高一一単位を取得する。履修する科目は自分の将来を考えて選び、単位に区切られているために、何のどこを学んでいるかがはっきりしている。七五単位とれば、証明書が出て修了する。早ければ二年、遅くても四年かかるという。

大学入学資格試験は大学入学資格試験委員会が実施し、同一年齢の約六割が受験している。受験科目は、これまでは母語、第二公用語、外国語を必修にして、数学か一般教養のどちらか一科目を加えた四科目であった。二〇〇四／〇五年度からは変更が行われ、必修は母語のみとなり、第二公用語と外国語は選択科目の一部になった。また、一般教養科目も細分化されている。だが、合計四科目に変わりはない。実力があれば、二年で高校生活を完了することもできる。ここで初めて、できる子は一年の差をつけることもできる。だが、たいてい、大学に入学するまでに二、三年はかけて社会経験をするのが普通なのでそれほど卒業を急がない。

一九九八年に法律が改正され、普通科高校でも、職業学校、あるいは成人学校からでも、どのルートからも大学には進学できる道が開かれたところだ。大学進学者は、同一年齢の三〇％ほどである。そのうち、大学入学資格試験を受けていない者（大学別入試のみ）が現在、入学者の四％ほどいる。その多くは、オープン・ユニバーシティ（大学教育の一部、聴講）経由であるようだ。つまり、高校卒業後、ストレートに大学に進学するものもいれば、職業専門学校に行ってから大学に編入したり、働きながら学んで入学する者もいて、それがいつの卒業生か等組み合わせがいろいろあり、日本のように「どこの高校に行ったら〇〇大学何名の合格」というようには単純に結びつかないということにもなっている。

子どもたちの日課と時間割

子どもたちは、学童保育、学校、サークル活動など、多彩な成長の空間を生きていく。親など保護者が早く出かける場合には、モーニング・ケアと呼ばれる早朝の学童保育に通う。たいてい学校の敷地の中、あるいは学校の近くに学童保育の施設があり、そこでは朝食も準備される。朝七時ごろから子どもが集まってくる。これは学校ではなく、地方自治体の管轄であって、たいていはＮＰＯ（非営利団体）や民間企業に委託しているようだ。モーニング・ケアとは、未就学児と小学一、二年生を対象にした、社会的施設で行われる教育・福祉活動である。

授業時間は、小学校低学年は半日、中・高学年は四～六時限、中学校は五～七時限である。小学校の一時限目はたいてい選択授業となっていて、空き時間になることが多い。そうなると、一時限とか放課後には、特別なニーズに応じた教育、補習や選択授業、さらにはサークル活動などが入ってくる。このうち授業以外の教育活動を、モーニング・アクティヴィティとアフタヌーン・アクティヴィティと呼ぶ。アクティヴィティは、たいてい学校で行われる。

放課後のクラブ活動は、学校の施設を使うけれども社会教育の仕事となって、学校の教師が担当するわけではない。日本の学校で実施されているようなクラブ活動はない。クラブ活動は別の指導員（スーパーバイザー）があたる。この専門家による指導を求めて、ほかの学校の生徒も加わって学校がセカンドスクールに変身する。地方によっては、特別な指導員を探せない場合に、学校の教師が当たることもある。これには追加給与が支払われる。教師は正規の授業さえこなせば、そのほかの時間にアルバイトをしてもよいことになっている。

学習指導要領にあたる「国家カリキュラム大綱」（後述）に規定された範囲内で、正規の時間割の中に、音楽や芸術、バレエ、ダンス、演劇、語学、数学、科学の授業を多めに設定した特別コースを併設する中学校、音楽や語学のコースを併設する小学校もある。だが、これは週二時間程度多めに授業を受けるくらいで、英才学校というよりも、放課後のクラブ活動を正規の授業に取り込んだようなもので、選択科目の時間数の範囲内の個性にすぎない。それでも、人気の高い学校では、入学希望者に対して適性検査を実施している。

放課後になっても家庭に保護者がいない場合には、また学童保育に通うことになる。これは、アフタヌーン・ケアと呼ばれる。フィンランドでは、ほとんどの親が共働きなので、子どもたちは親の帰宅する午後四時あたりまでここで過ごす。モーニング・ケアの施設とアフタヌーン・ケアの施設とが異なる

表2-6　小学校の時間割の代表例

	時刻
(モーニング・アクティヴィティ) 1校時 (選択授業、補習などに使われる)	8:05-8:50
2校時	9:05-9:55
3校時	10:10-10:55
給食（A）	10:55-11:25
4校時（B）	11:10-11:55
4校時（A）	11:25-12:10
給食（B）	11:55-12:25
5校時	12:25-13:10
6校時	13:25-14:10
7校時 (アフタヌーン・アクティヴィティなど)	14:25-15:10

表2-7　サルミサーリ小学校
(モジュール制)

	時刻
1校時	8:30-10:00
2校時 (給食30分を含む)	10:30-12:30
(1、2年生はここまで) 3校時	12:45-14:15
4校時	14:30-16:00
特別なニーズへのケア	15:30-17:30

*左の例では、全員がそろうのは、2校時からだ。食堂を2グループに分けて利用している。

*右の例は、2時限分をくっつけて、長時間の学習活動をするモジュール制。

図2-3　教育の内容と方法の権限分担

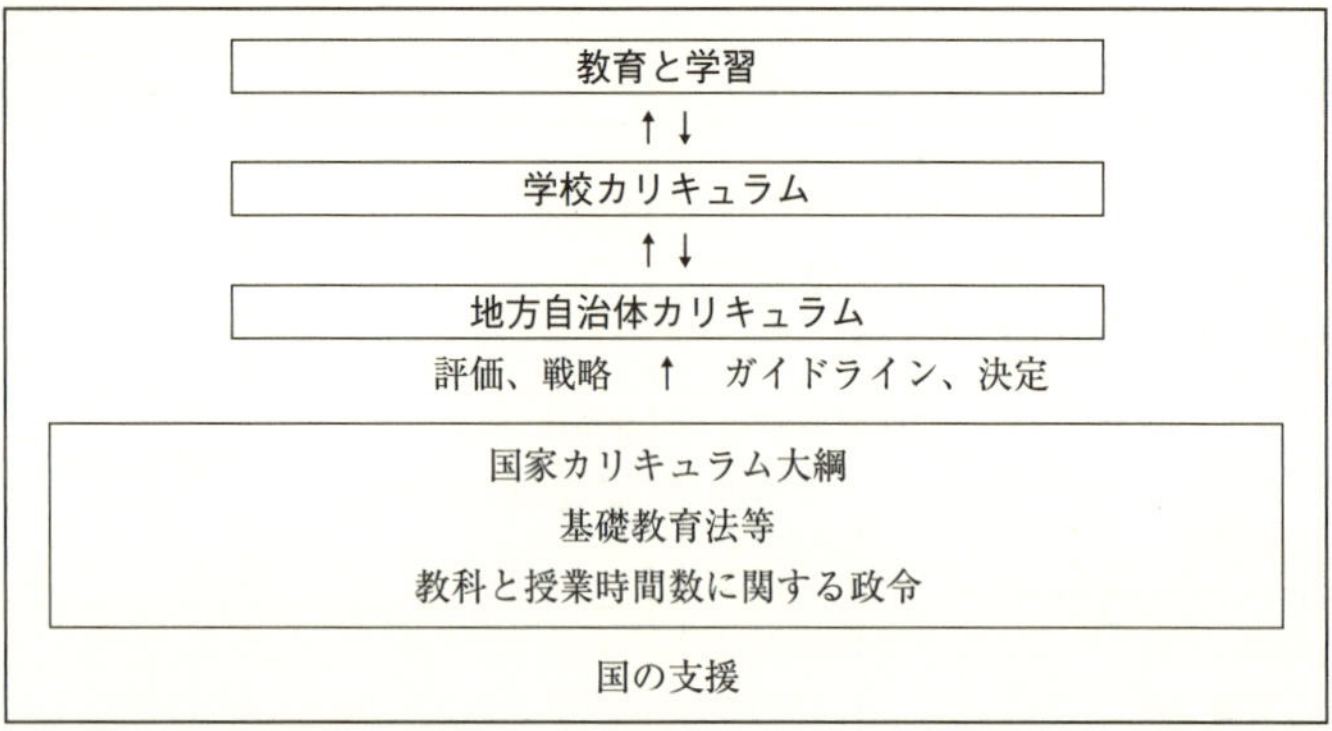

＊ Irmeli Halinen. *The Finnish Curriculum Development Processes.*（第1回 PISA セミナー配布資料）
＊教育と学習を学校・自治体・国が支える。最上位に「学習」がある。

場合もある。

ヨウセンカアリ小学校（エスポー市）では、朝の一校時は、曜日によっては正規の授業にもあてられるが、たいていクラブ活動の時間である。一四時一〇分に学校が終わると、音楽専攻の子どもたちの学校、日本でいえば音楽教室（けいこ塾）に変わる。近隣の学校からも、さまざまな楽器の演奏を志す子どもたちがやって来て、宿題や復習をしながら自分のレッスンの時間を待つ。先生たちは校長先生も含め、一四時一〇分に帰宅してしまう[20]（表2-6）。サルミサーリ小学校（ヘルシンキ市）では、一、二年生は、一二時半の授業終了後は、学校内にあるアフタヌーン・ケア（託児所）に行く[21]（表2-7）。

朝の一時間目に選択科目がくるということは、冬の長い国ならではの知恵ではないかと推測される。

国の責任と学校の責任

「最上位に教育と学習がある」というのが教育界の公式見解である。図2―3はPISAセミナーで、イルメリ・ハリネン国家教育委員会普通教育局長が繰り返し提示したものである。原則は、子どもに近いところに全面的な決定権を与えるように、フィンランドの歴史は動いてきた。

授業という、教師が教え生徒が学ぶという一体化した行為は、学校と地方自治体が決めるカリキュラムによって保障されるが、その決定権は地方自治体にあり、国はあくまでも教育行為を支援するという立場に立っている。教える内容とその学年配当がカリキュラムで決められると、それをどう実現するかは学校に任され、どう教えるかは教師に任される。学校を運営する校長、授業を運営する教師の責任は重い。しかし、責任があるということは選択する可能性、つまり権限が与えられて自由があるということだ。横並びの行動をして責任逃れをするという発想は、フィンランドでは消えている。

さて地方自治体は、二〇〇二年段階で四四四あり、そのうち一一三が都市（市または町）である。二〇〇四年段階では四三二の自治体となっている。国の人口が五二〇万人であるから、単純に割り算すると一自治体につき一万二〇〇〇人程度である。五六万人のヘルシンキ市もあれば、一万人未満の農村部が三〇〇以上あるということだ。そこに、ほとんどの教育権限は任されている。

人口少数の自治体は郡単位で（自治体連合を組んで）学校教育に当たる。基礎（小中）学校はどの自治体にもあるが、普通科高校は自治体連合で維持することになるようだ。二〇〇四年現在で、一二〇自治体と一五五自治体連合が数えられる。およそ二五〇の自治体が学校を運営しているといわれている。さらに、四〇〇〇の基礎学校、七五〇の高校・職業学校、二〇の大学および多数のそのほかの教育施設がネットワークを作り、国内の総力を挙げて教育に取り組んでいる。

イギリスの新聞記者によると、フィンランドの教育制度は社会の知恵と努力を集めて成立しており、「諸問題に先手を打つことが可能な成熟した教育システム」である。フィンランドの社会は「論争や疑問提起が政治的な異端としてではなく、建設的な議論として受け取られている」[22]という。

非難するよりも、まずどう改革すべきかを考えるらしい。こんな社会だからこそ、フィンランドではさまざまな意見の人間が共存し協力することが可能なのだろう。日本のように、事件が起きてから専門家に諮問するというのでは、対策が後手後手にまわってしまう。

もう一つ、「フィンランドでは、こと教育に関する限り、政党によって見解の違いはない」と教育関係者から聞かされる。教育の目的は人間を育てるという大目標にあり、その点で一致がはかられているということであろう。教育を政策攻撃の具にしたり、金儲けの手段としないということが徹底している社会ともいえる。

国家カリキュラム大綱（ナショナル・コア・カリキュラム）**とは**

フィンランドでは、一連の根本的な教育改革は一九九三年六月の国会にて採択された法律により、一九九四年から実施されることになった。行政的な規制緩和の一環として、ほとんどの教育権限を地方自治体に移管したのである。だがこのような改革は、フィンランド一国で行ったわけではなかった。あるいはまた、一年で起きたわけでもなかった。大きな流れの中で起きてきたのである。

北欧文化閣僚会議は、一九九一年に学校管理を国から地方自治体に移管するよう勧告している。それを受けてフィンランドでは、国家教育委員会が一九九一年に組織され、視学官制度など旧来の教育管理機構は解体された。教育省は学校の建物や教師の給与など、条件整備と制度構築や権限規定などの立法部門を担当し、国家教育委員会は教育内容の水準維持を行う。このように国の役割も権限を分けて担当している。

教科書検定は一九九二年に廃止され、さらに、中央の管轄である国家カリキュラム大綱も、一九九四年のカリキュラムは五年、二〇〇四年のカリキュラムは四年をかけて、国民の意見を取り込みながら審議会で作成された。

そこで、フィンランドの教育関係者は、基礎学校のカリキュラムを「学校に基盤を置くカリキュラム」と呼び、国の縛りを「とても自由な国家枠組みカリキュラム」と表現するのである。

一九九四年に、国は学年別の記述をなくし、最終学年時点の到達目標を大まかに示しただけの「国家カリキュラム大綱」を指定することのみにした（表2-8）。カリキュラムの指定内容は、分量でいえば、かつての三分の一以下に削減された。一九七〇年には六五〇ページあったものが、一九九四年には一〇〇ページになってしまったのである。この時点で、教えることを重視する教育から、学ぶことを重視する教育へと、教育観が根本的に転換した。また教科の教育内容だけでなく、教科横断的なテーマが指定されることになった。

現在は、二〇〇四年の新カリキュラムとなり、授業時数が複数学年で区切られて示されるようになっ

表2-8　1994年「国家カリキュラム大綱」教育課程表

科　　目	小学（6年）最低時数	中学（3年）最低時数
母語	32	8
外国語（A言語）	8	8
外国語（B言語）		6
数学	22	9
生物・地理・環境・公民	15	
生物・地理		7
物理・化学		6
宗教／倫理	8	6
歴史	3	
歴史・社会		6
芸術・実技	44	
音楽	(6)	1
美術	(6)	2
家庭科		3
工芸	(8)	
手工芸（工作・技術・テキスタイル）		3
体育	(12)	
保健体育		6
カウンセリング		2
共通科目合計	132	70
選択言語	4	
選択科目		20

＊学年の区切りをなくした教育課程表。何年生に何を何時間必要とするかは、自治体と学校が協議して決める。

表2-9　2004年「国家カリキュラム大綱」教育課程表

<table>
<tr><th rowspan="2">科　　目</th><th colspan="9">学　　年</th><th rowspan="2">合計</th></tr>
<tr><th>1</th><th>2</th><th>3</th><th>4</th><th>5</th><th>6</th><th>7</th><th>8</th><th>9</th></tr>
<tr><td>母語と文学</td><td colspan="2">14</td><td colspan="3">14</td><td colspan="4">14</td><td>42</td></tr>
<tr><td>外国語（A 言語）</td><td colspan="3">·····</td><td colspan="3">8</td><td colspan="3">8</td><td>16</td></tr>
<tr><td>外国語（B 言語）</td><td colspan="9">···················· 6</td><td>6</td></tr>
<tr><td>数学</td><td colspan="2">6</td><td colspan="3">12</td><td colspan="4">14</td><td>32</td></tr>
<tr><td>環境

生物・地理
物理・化学
健康教育</td><td colspan="4">環境・自然史
9</td><td colspan="2">

3
2</td><td colspan="3">

7
7
3</td><td>31</td></tr>
<tr><td>宗教／倫理</td><td colspan="5">6</td><td colspan="4">5</td><td>11</td></tr>
<tr><td>歴史・社会</td><td colspan="6">··········· 3</td><td colspan="3">7</td><td>10</td></tr>
<tr><td>芸術・実技
　音楽
　美術
　手工
　体育</td><td colspan="4">26
(4 −)
(4 −)
(4 −)
(8 −)</td><td colspan="5">30
(3 −)
(4 −)
(7 −)
(10 −)</td><td>56</td></tr>
<tr><td>家庭科</td><td colspan="9">················· 3</td><td>3</td></tr>
<tr><td>職業ガイダンス</td><td colspan="9">················· 2</td><td>2</td></tr>
<tr><td>選択科目</td><td colspan="9">(13)</td><td>13</td></tr>
<tr><td>最少授業時間数</td><td>19</td><td>19</td><td>23</td><td>23</td><td>24</td><td>24</td><td>30</td><td>30</td><td>30</td><td>222</td></tr>
<tr><td>自由選択（A 言語）</td><td colspan="6">········ (6)</td><td colspan="3">(6)</td><td>(12)</td></tr>
</table>

＊ Finnish National Board of Education. *National Core Curriculum for Basic Education 2004.* Vammala, 2004, p.302.

＊小学校・中学校がつながり、学年区切りがやや復活した教育課程表。…の部分は、実施しないがほう望ましいとされるが、自治体と学校が決断すれば、実施可能。教科名や科目の区切りさえ変更可能である。

てきている（表2－9）。これは、現場の混乱を避けるために中央の力を少し強めたためである。ここで、カリキュラムは二〇〇ページくらいに戻ったが、教え方の案内が加わったためで、教える内容を増やしたわけではない。

これを受けて、どの学年でどう学ぶかは、地方自治体の決定事項であるが、実際には地方自治体と学校の協議で具体化される。表2－9中にある「……」は、教えないほうが望ましいと国家教育委員会が判断した学年のことであるが、地方自治体の判断で教えてもよいことになっている。また、地方自治体と学校は教科の改廃さえ決めることができる。このように、国家カリキュラム大綱とは一種のガイドラインでしかなく、もっとよいものがあれば改変してもよい。カリキュラム表は一見してわかるように、語学に力が入れられており、フィンランドでは子どもたちが四言語を習得するように促されている。

教育の論理を追求できる仕組み――国家教育委員会

行政官と違って、国家教育委員会は教育内容と教育方法を統括する組織なので、教育学の専門家で構成されている。ここでは諸外国と交流しながら、きわめて高度な教育議論が展開されている。行政と学校との間に教育学や各教科、心理学など、ちょうど大学の教育学部の教員のような教育の専門家集団をかませた知恵は意義深い。地方の利害や一時的な政治の論理に流されることなく、国の中枢に専門家集団を置いて学校教育に教育の論理が貫徹するような仕組みを作り出したのである。

現在、国家教育委員会には三五〇人の専門家が勤務しており、教育発展、教育評価、教育支援を目的

表2-10　国家教育委員会機構

<table>
<tr><td colspan="2">国家教育委員長</td></tr>
<tr><td colspan="2">評価部</td></tr>
<tr><td colspan="2">内部監査広報部</td></tr>
<tr><td colspan="2">国際部</td></tr>
<tr><td>普通教育局</td><td>基礎学校課
後期中等教育課
ロマ教育課</td></tr>
<tr><td>職業教育局</td><td>教育要請分析課
職業教育振興課
カウンセリング・教育方法課</td></tr>
<tr><td>成人教育局</td><td>現職研修課
資格認定・比較課
上級職業資格課
成人一般教育課</td></tr>
<tr><td>スウェーデン系フィンランド人局</td><td></td></tr>
<tr><td>管理・サービス局</td><td>管理課
財政課
監査課
教育テクノロジー・コミュニケーション課
出版物販売課
訓練・相談課</td></tr>
<tr><td>企画局</td><td>情報サービス課
生徒選抜課
IT サービス課</td></tr>
</table>

＊ Finnish National Board of Education. *Annual Report 2004.* p.3.
＊国家教育委員会が教育内容・方法に責任を持つ。

に活動している。基礎学校を中心にして、就学前から成人教育、教師養成（一八大学の教育学部）までをカバーし、必要ならば高等教育についてもサービスを提供する体制をとっている。国家教育委員会は教育省から独立した機関で、相対的な地位も高く、教育内容や教育方法について管轄する重要な行政機構である。いってみればフィンランドは、教育省の役割を国家教育委員会を編成することによって、専門的な教育の仕事を内容面で支援するという、いわゆるサービス行政に徹するように変えたのである。

国家教育委員会の仕事の主要なものは、初等教育と中等教育に関して国家カリキュラム大綱を作成することと、職業教育資格と学力評価の枠組みを作成すること、また、教育機関に対して有用な情報を提供することとである。学生の進学に関する登録、教師の専門性向上も担当している（表2−10）。

学力評価のための全国学力テストをするにしても、五〜一〇％の抽出調査とし、生徒を競争させるためではなく、学校を改善し、生徒の教育機会が全国的に公平になるように実施目標が定められているのである。

教科書は自由採択――教育方法の自由

教科書検定をしないということは、教科書は質のよい一つの教材にすぎないと解釈することである。それは「標準（standards）」を極力避ける教育哲学と、知識は自分で獲得していけという「社会構成主義的な学習概念」という教育思想に基づくものである。

教科書の作成過程には教師組合の代表も、教科書会社も、教師も加わり、けっして一部の者が独走したりはしない。教科書会社は国家カリキュラム大綱作成過程と並行して、教師たちの協力を得ながら教科の教育目標と教科横断的なテーマとを考慮し、実行可能な道筋をつけながら、カリキュラム大綱をさらに詳細に具体化し、教科書を作り上げていく。

教科書会社は、現在のところ、フィンランド語四社とスウェーデン語一社の計五社ある。カリキュラム大綱を具体化するのは、法的には教育省でも国家教育委員会でもなく地方自治体だが、実質的には教科書会社がそのモデルを作り出していっている。教科書を採択するのは一人ひとりの教師であるから、教科書会社は教師に支持される教科書を作ろうとする。また、教科書を作る過程で、研究者も教師たちも新しい教育方法を学ぶことになる。

教科書は、小学一—二年生のことばの練習用教科書は支給され、そのほかの教科書は一年間貸与される。貸与された本は家庭に持って帰ってもよく、書き込みをしたり汚したりする子もいる。そこで、学校には多めに教科書がストックしてある。また、私費で購入することもできる。ただし、教科書は一つのモデルでしかなく、地方自治体により、また学校により国家カリキュラム大綱の枠内で具体的な学習内容やその学年配当を変えることができる。どの教科書を採択するかは、学級担任や教科担当教師が決め、校長が承認するという手順で決めている。また、教科書は一つの教材でしかなく、その使い方は教師個人に任される。たとえば、各社を比較して、もっともよいところをつなぎ合わせていくこともできるのである。

総合学習の時間はあるの？

フィンランドには日本のような、教科としての総合学習の時間はない。だが、学ぶべきテーマは国家カリキュラム大綱で規定されている。ではどうするか。フィンランドでは、基本的には教科の時間割を一斉授業で行うことを前提にしているのだが、学校は複数の教科をつなげて、時間割を柔軟に組み直し、さまざまな方法で実行してよいことになっている。実際の授業は、「柔軟な時間割配置によってさまざまな教科をさまざまな方法で束ねる」ことができる。あるいは、ヘルシンキ市教育庁の説明でも、「学校に基礎を置くカリキュラム」「時間割配置の自由」(23)と説明されている。

簡単に言えば、大きなテーマを立ててグループの調べ学習などを行い、複数の教科の単元と総合学習とを同時に行うことができる。

たとえば、アラビア総合制学校（ヘルシンキ市）のミッコ・アウティオ先生の担任する小学三年生のクラスでは、一週間二五時間のうち一一時間で時間割上の教科が決められていない。学習の進み方などにあわせて、どの教科に使うかを決めているという(24)。

一九九四年の基礎学校（小・中学校相当）のカリキュラムで、「国家カリキュラム大綱」で指定された教科横断的なテーマは、国際理解教育、消費者教育、交通教育、家族教育、健康教育、情報教育、メディア教育、環境教育、起業家教育であった。

二〇〇四年の基礎学校のカリキュラムで、「統合的、教科横断的テーマ」として規定されているものは、

・個人として（人間として）成長すること
・文化的アイデンティティと国際化
・メディア使用技能とコミュニケーション
・参加型の市民性と起業家精神
・環境、充実した生活、持続可能な未来への責任
・安全と交通
・テクノロジーと個人

である。(25) 総じて個人の自立を促しているわけである。

起業家教育とか起業家精神というと、ベンチャービジネスを立ち上げるようなことを考えがちである。そのような面も含まれるが、フィンランドではごく日常的な、自営業の運営の仕方と一般的にはとらえられている。つまりサラリーマンではなく、トナカイを飼ったり、パン屋や花屋を経営したりするには、帳簿をつけ、税金を払い、法的な規制を守り、社会的な福祉を受けるなど、社会の中で事業を自分たちがつくっていくという能力、技能、態度が必要である。それらを育成する教育なのである。

フィンランドでは、一九九四年の改革以来、教育の権限が地方自治体に移管されたので、地域の意向が教育により取り入れられやすくなっている。そのため、起業家教育も地域の具体的な産業と結びつきやすい。地場産業とか伝統産業を継承するような活動が、学校教育に取り入れられることになったのだ。同時に、地域と結びついて地域に必要な能力を具体例とした教育実践は、地域の産業に関心を持ったり、

進路選択の問題として自覚するなど、生徒たちに「自己改革」の意識を高めることになり、フィンランドの教育界では有益な議論が展開されたという(26)。

また、持続的未来への責任という概念は広く、環境問題への対応だけでなく、平和教育もその一環としてとらえられている。

少人数クラスと授業時間

クラス定員は地方自治体が決める。授業では、一般に一クラスの生徒数が二四人までとされてきた。さらに外国語では、このクラスが半分に分けられる。要するに、子どもたちの学力は多様だが少人数のクラスづくりがめざされたのである。実際には、地方自治体の経済状況と学校に配置する教師以外のスタッフの必要性に応じて、この定員は二五とか二六になっているところもある。また、学校によっては、一、二年生は二〇人とし、三、四年生は三〇人とするというように組み替えているところもあった。すべて、子どものためになり、教師が教えやすいかどうかという観点から、もっとも実現可能な組み合わせを地方自治体と学校が判断する。統計上の計算によると実際には、一クラス当たりの生徒数は一六人平均となっている。

教師たちには、授業以外の負担は最小限にとどめられる。教師のノルマは、一般に四五分授業を週一五（小一、二年の担任）～二三時限分である。それのみであるといってもけっして過言ではない。

ＯＥＣＤ国際調査から、七～一四歳児の総標準授業時間数を比較すると、フィンランドは五五〇〇時間程度で調査国中世界最低である（図2-4）。韓国も六〇〇〇時間を切っているが、日本は六〇〇〇時間を超えている。スコットランド、オーストラリア、イタリアは、八〇〇〇時間を超えている。したがって、授業時間数と学力は比例しているわけではない。問題は単に時間数にあるのではなく、教師が十分に準備し、体力・気力とも充実して授業に当たれるかどうか、あるいは子どもたちが準備段階の学力に達していて、元気に生き生きと授業に入っていけるかにある。教師も子どもも疲れていたのでは、授業時間数を増大したとしても効果は少ないだろう。

教師の勤務時間

さらに注目すべきは、OECD調査による「法定勤務時間に占める実際の授業時間の割合」という項目である。日本の教師は、最低に位置している。小学校では三〇％強、中学校では約二五％、高校では二〇％強しかない。韓国は、それぞれ五〇％、約三五％、三〇％強あって、日本の一・五倍程度、授業に時間を割けることになっている（図2-5）。最も多いスコットランドになると、六五から七〇％あって日本の倍以上である。法定勤務時間は、日本が一九四〇時間、韓国が一六一三時間、スコットランドが一三六五時間である。(27)

フィンランドでは、勤務時間は年間一六〇〇時間、その六〇％が授業と説明されている。そして、一応、四時まで勤務時間である。四時になると、学校には誰もいなくなる。ただし、一般企業の労働時間も週三七時間、就業時間もその多くは八時から四時までである。

図2-4　国公立学校の7～14歳児の総標準授業時間数（2002年）

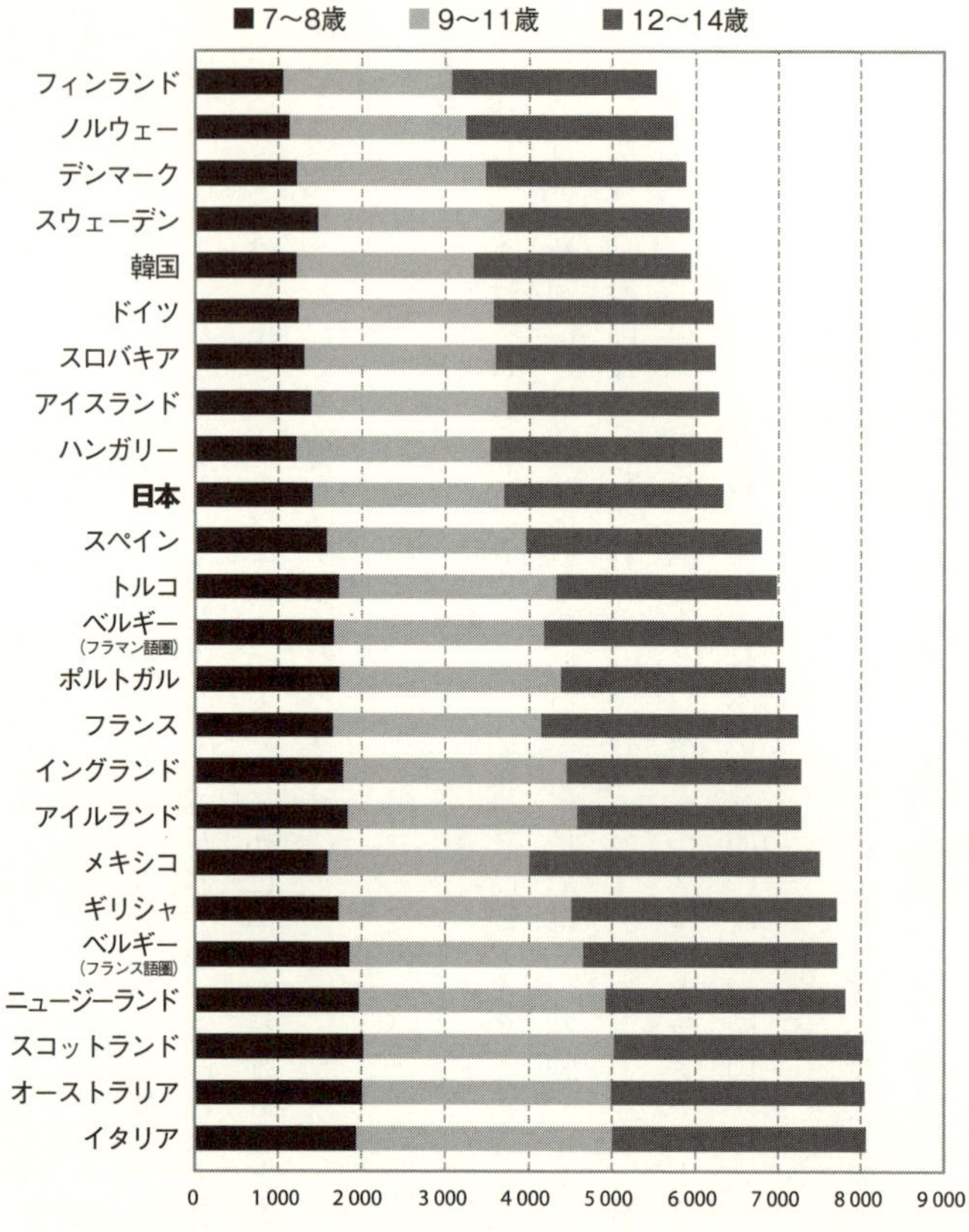

＊経済開発機構『図表でみる教育：ＯＥＣＤインディケーター（2004年版）』明石書店、2004年、351ページ。なお、イタリアは2001年のデータ。
＊授業時間を増やせば、学力が上がるというわけではない。PISAの得点表（表1-2）と見比べても、授業時間の少ないフィンランドが上位で、多いイタリアは下位にある。

だが、学校の教師の場合、担当する授業が終わると、つまり午後二時ごろになると帰ってしまう例も多い。低学年の担任は、一二時ごろに帰ってしまうこともある。この点について、フィンランド教育組合（ＯＡＪ）で質問してみた。マリヤッタ・メルト参事の答はこうである。

「授業以外の時間は、教師は授業に向けて研修をしていることになっており、その時間の使い方は教師に任されている。ノートの点検やレポートの評価、教材の準備など、学校でやってもよく、そうでなくてもよく、一番やりやすい場所ですればよい」

というのだ。早い帰宅は、広く行われているので、社会の誰もが認めている原則のようだ。教師の本務は授業であり、授業以外の負担はできるだけ少なくするという原則が生きている。教師の研修は自由、自宅の授業準備は当たり前、授業が終われば生徒と一緒に教師も帰宅してしまってもよいというのだ。

年に五度の連休や長期休暇中も学校に来なくてよい。夏休みなど二か月間、まるまる来なくてよいというのだ。勤務日数は年一九〇日程度。これに比べれば、日本では法定外の労働、いわゆる残業、クラブ活動や行事などでの休日出勤は枚挙にいとまがなく、勤務時間の実態は年間二五〇〇時間あたりにもなるだろう。逆にフィンランドでは、早い帰宅により、一三〇〇時間あたりになってしまう。そうなると、グラフに見る授業時間の割合の差はさらに開くだろう。

「勤務日である一九〇日には、有給休暇を含めてもいいのでしょうか」

と質問すると、フィンランド教育組合のマリヤッタ・メルト参事は、側近になにやら確かめた。そして、口を開いた。

図2-5　教員の勤務時間に占める授業時間の割合（教育段階別、2002 年）

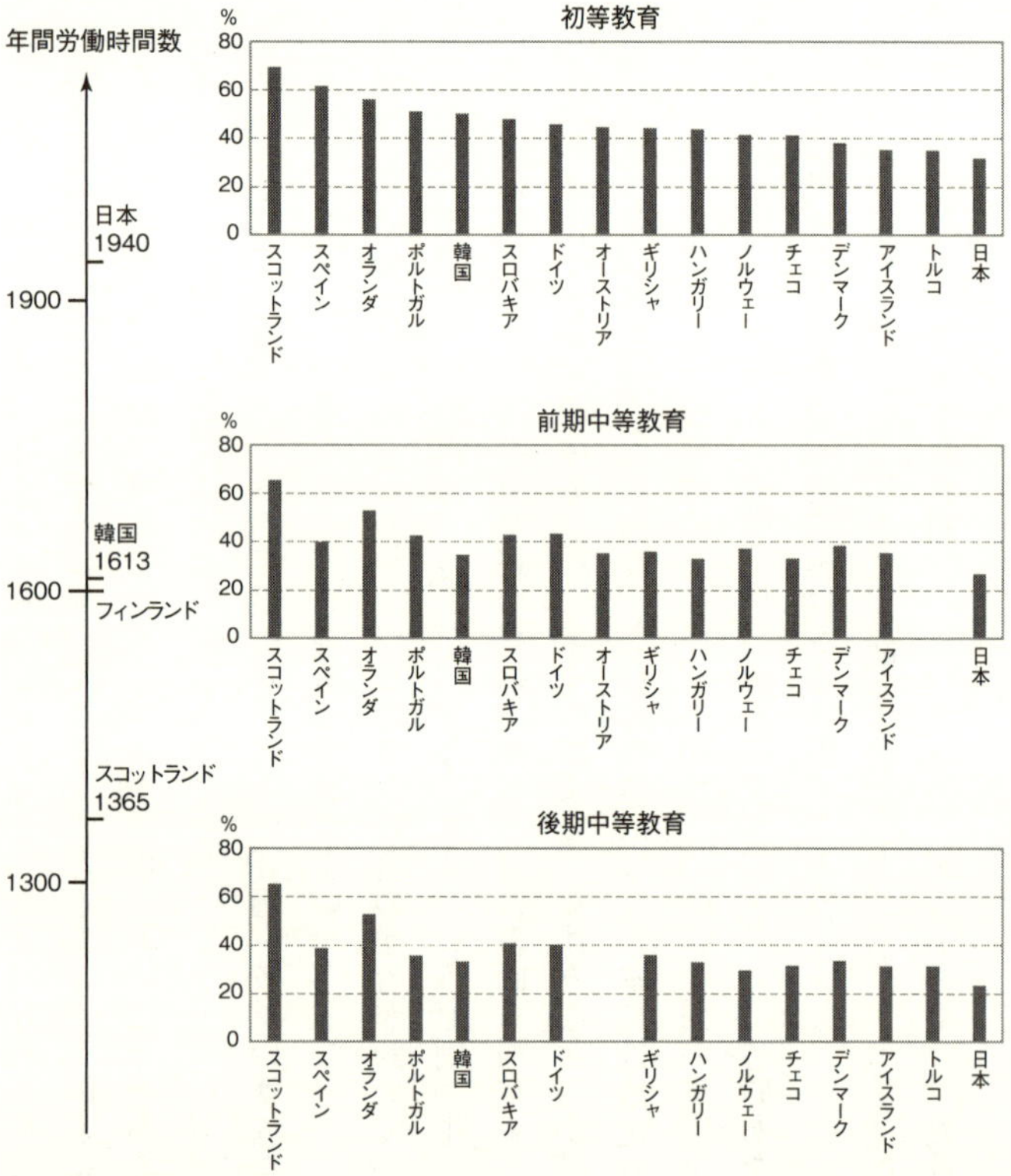

＊経済開発機構『図表でみる教育：ＯＥＣＤインディケーター（2004 年版）』明石書店、2004 年、399 ページ。
＊日本の先生は授業時間以外にすることがたいへん多いようだ。クラブ活動や学校の運営に費やされる時間の差は大きい。

「一九〇日というのは、教師の勤務日数のことではない。生徒が学校に来る日のことだ。教師は、授業をすればよいのだ」

「では、さらに、授業期間に有給休暇を取ってもいいのですか?」

「先生だって、自分の子どもがいれば保育園に迎えに行くだろうし、スーパーで買い物をして、夕飯を作ったりするだろう」

とまあ、こんな具合の会話になった。話の流れに沿って解釈すれば、教師にも家庭人としてあるいは社会人としての生活スタイルがあり、ちゃんと説明がついて、授業の見通しもあれば、有給休暇を取るのは教師個人の判断と責任であるということになる。そのせいか、フィンランドの教師は有給休暇もしっかり取っているようだ。それも、一三六ページの表3−4を見ると、校長がいらだつほどに。

フィンランドの教育は、しっかりした家庭生活の上に成り立っており、教師もその例外ではない。教師もよき家庭人、社会人、その地域の住民であることをまず実践することが重要だという哲学が生きているようだ。

フィンランドの教師は、おそらく世界一じっくり準備して授業に望むことができる。それとは逆に、日本の教師は授業以外にしなくてはならない仕事が多く、教師としての専門職性があまり考慮されていないといえるだろう。OECD教育局のシュライヒャー指標分析課長が「最悪の結果」と形容するドイツでは、

「教師は責任を与えられているけれども、学級の中では孤立しており、教師間のつながりや、生

徒・親とのつながりやりとりがなく、学校と家との往復だけという状況にあったのです[28]」ということがＰＩＳＡの質問紙調査で判明した。生徒と教師との心のつながりさえ欠いているというのだ。フィンランドのように、教師が充実し生き生きと働ける学校、これが一人ひとりに高い学力を保障している。ＰＩＳＡは、こんなことも発見したのだ。

フィンランドの授業風景

次頁の写真をごらんいただきたい。これがカラムジン小学校（二〇〇五年三月訪問）に見るフィンランドの授業である。机の並べ方は、教室によってまちまちだ。学力では、学校間格差がない代わりに、教室内の個人差は大きい。教師の教えやすいよう、個々人に対応するために機敏に、適切に指導できるように机が配置されている。高学年になるほど、グループ学習が多く取り入れられている。

教師の仕事は、授業が主体である。職員室は教師がくつろぎ情報交換する場所であり、日本のように会議をするところではない。必要なことは掲示板で伝える仕組みになっていて、教師は情報を集めながら必要な人と調整し、自分で判断しながら行動していく。教材研究は特別の教材研究室があり、そこで作業することができるのだが、たいていの教師は担任する教室や教科の準備室にたくさんの資料を持ち込み、いつでも子どもに対応できるようにしていた。それだけ、教師個人に判断と行動が求められているということである。また、日本のような会議はほとんどない。学校によって異なるが、週二～三時間の全校教育計画会議があるくらいである。

（上左）先生の使う教材は職員室ではなく教室にある。（上右）教室内の水道。授業中に手を洗ったり、水を飲んだりする。

（上右）小学6年生のクラスは雑誌を参考に衣服のデザイン中。（上左）そのなかで一人編物をする子がいた。何とおおらか！

（右）小学校5年の歴史の授業。グループで調べ学習なのに、ここにも編物少年。（上）その前には休憩中なのか、何もしない子たちが……。でも隣のグループは勉強中。

（上）カラムジン小学校の職員室のまんなかには、7人がけのソファーがあった。その後ろには10人がけ、12人がけのテーブルがある。校長は立って話をするようだ。

（左）校長の後ろにはコーヒーメーカーや電磁調理器。（右）壁にはたくさんの掲示物。会議はあまりなく、連絡は掲示でする。

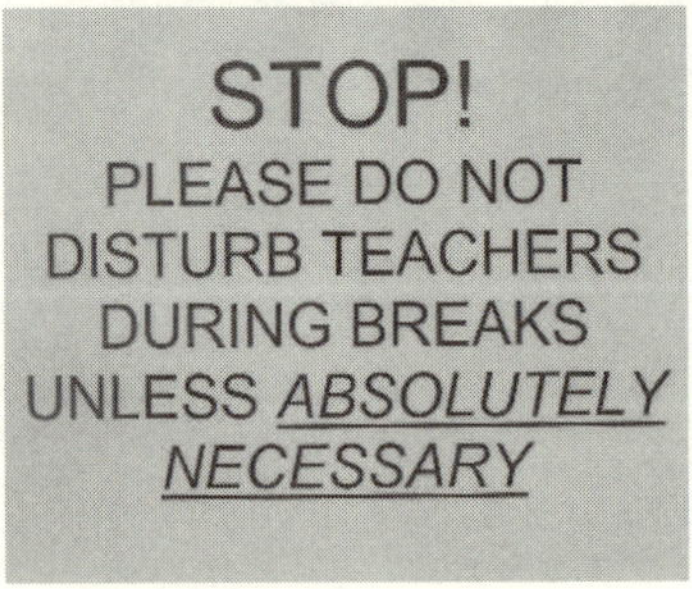
STOP!
PLEASE DO NOT
DISTURB TEACHERS
DURING BREAKS
UNLESS ABSOLUTELY
NECESSARY

ノキア関連で帰国子女の多いエスポー・インターナショナル・スクール中学校の職員室のドアにあった注意書き。「どうしても必要なとき以外は、先生の休憩を邪魔しないように」と英語で書いてあった。

3　フィンランドの子どもたちはなぜよく学ぶのか

小学4年生の英語の授業。このグループは床に座って課題をやっていた。ある場面を設定して、会話のやりとりを英語で表現させるというものだ。学びのスタイルは自分たちで探す。

「学習者に与えられた目標や課題が、彼らにとって意味をなさない場合はどうなるのだろうか」[1]（エンゲストローム）

という問いの意味は重い。フィンランドの成功例は、子どもたちが学ぶ意義を見つければ、子どもたち自身がすすんで学んでいくものだということを示している。この論理をひっくり返すと、学びたくないものを無理に教え込んだりはしないという教育理論が出てくる。

ある意味では、ＰＩＳＡの学力観を北欧諸国がリードしたともいえる。

学習とは知識の受容ではない

フィンランドの子どもたちは、競争やテストがなくても、なぜかよく学んでいる。塾に行ってがつがつと勉強しているわけではない。ＯＥＣＤの調査では授業時間は世界最低で、校外・家庭学習時間も最低で、どうして高い成績を保ちながら積極的に学んでいるのだろうか。

一斉授業もないわけではないが、授業はたいていグループ学習が採用される。筆者の体験では、一〇〇クラスくらい参観して、一斉授業は二つだけだった。

席を立って他人に教えに行く子、水を飲みに行く子、一人で黙々と勉強している子、筆者の見学したクラスでは編み物をしている子、ケータイでメールを打っている子までいた。疲れたら、あるいは飽きてしまってボーッとしていても、ソファーで休んでいてもよいとか。六歳児学級では机の下で隠れんぼまでしていた。他人の邪魔をしない限り、先生は子どもたちを叱ったりしない。学ぼうが、学ぶまいが、個人の自由で自己責任。フィンランドでは日本の班学習とは違って、グループの学び様が異なっていてもよく、しかも同時に個人学習も認められるという、じつに不思議な授業が展開されている。

ここに見られるのは、強制されて学ぶという子どもたちの姿ではない。それでもなぜ学ぶのだろうか。子どもたちはつねに、「これは本当に学ぶべき知識なのか」という疑問を持っている。「どうして勉強しなくてはいけないの?」と。「受験に必要なのだから」「まず覚えろ」「黙ってまず暗記せよ」は、フィンランドでは通用しない。フィンランド国家教育委員会は、PISA高成績の一因として「社会構成主義的な学習概念」を挙げているが、これはどういうことなのだろうか。日本だと、「まず知識」という教育観が支配している。フィンランドでは、必要なのは「社会構成主義的な学習概念」という（本書六五ページ）。どこがどうちがうのだろうか。国際的にも「カリキュラムに強い社会構成主義的要素を持っている国（フィンランド）はうまくいっている」と指摘されるほどだ。

それでは、「社会構成主義」とは何だろうか。

まず、「構成主義（constructivism）」とは、知識には何らかの目的・価値観が前提になっていることを認める立場である。すなわち知識は、目的に応じて事実から切り取られ、構成されるということである。事実は一つだが、知識は多様に作り出される。知識について真偽を問うことはできても、誰の知識も完全ではないということだ。

構成主義を教育学に適用すると、学習とは知識の受容ではなく、知識を探求し構成する主体的な活動であるということになる。そこで学習とは、子どもや若者あるいは大人が「自分の人生に必要な知識を自ら求め、知識を構成していく活動」ととらえるべきだということになる。知識は、自ら学ぶ者が事実を分析・探求して、自分なりに作り上げていけということだ。たとえば、環境問題に関する知識でも、何をテーマにどのくらい学ぶかは、教師と子どもたちの具体的な協同作業で決められていくということになる。歴史の学び方も年表を順々に覚えるというものではなく、自分で歴史を調べ重要事項を自分で判断し、自分で年表を作り上げていくことになる。

そんなことをしたら、子どもたちの知識は穴だらけになるのではないか。そのとおりである。だが、教科書に載っている知識もじつは穴だらけなのである。それは、教科書の執筆者がよかれと思って並べた知識にすぎない。

ここで強調されるべきことは、知識は中立のものではなく、ただ一つというわけではないということだろう。事実は確かに一つかもしれない。しかし、知識はそれぞれの個人によって構成されるものだから、多様に作られる。したがって、個々人の知識が教科書を超えることもあるが、そうでないこともある。悪くいえば、世の中の誰の知識も不十分であるということを認めることにもなる。だから学び続けるのである。フィンランドの学校では、「核心部分（core）」（まったくの基礎の読・書・算）については、何が何でも身につけるように働きかけるが、その外側の知識は人それぞれまちまちであってもよいと認めているわけである。

知識のあり方のおもしろい例として、フィンランドでは「地理」は、社会科ではなく自然科という理科のグループに入れられている。知のあり方が学問の世界でも画一的ではないということを、教科のレベルから問いかけるほど、フィンランドの知識観はスリリングだ。

だからフィンランドでは、教科書は、唯一正しい知識の集成というものではなく、一つの良質な資料・案内であるから、公権力による検定も必要はなく、自由採択となる。また、教科書を使って学ぶことはあっても、何が何でも教科書を覚え、教科書を学ぼうという姿勢は必要なくなる。それは教育学がそうなっているからであり、教育省と国家教育委員会が「社会構成主義」をとっているからなのである。そして、国には知識を管理しようとする発想はない。フィンランドは、知識を詰め込み主義の枠から解き放ち、今まさに新しい産業に挑戦しようとしているといったら過言であろうか。

そうなると、教師の仕事はテストのマルつけをするほど簡単ではない。学習で得た成果の評価も、基本的な知識の獲得とともに、個々人に応じた発展的な知識も教師は評価していくことになるからである。よほど教師が多様な知識を学んでいないと、あるいは探求し、つねに学び続ける力を持っていないと支援できないことになる。

知識の中身が人それぞれに違っているうえに、知識の学び方についても、その順序や速度は、個々人で一様ではない。ちょうど「あいうえお」の文字を覚えるときのように、大まかな学習年齢は認められても確定しているわけでもなく、覚えやすい文字もあれば紛らわしい文字もある。私たち日本人もそれぞれの覚え方でまず始めて、どこかで一挙に整理して覚えたではないか。別に、あいうえおの順番どおりに学んだわけではない。全国画一のカリキュラムが絶対であるというわけではない。

教え合い、学び合いから知識が作られる

さてそれで、フィンランドでは、実際にどんな授業が展開されているのだろうか。新聞記事から一例を紹介しよう。(2)

ストロンベリ小学校では、子どもと教師が話し合い、週ごとの学習課題を決めている。ある子の今週の目標は「時計を読めるようになる」というものだ。これが個人の学習シートになり、それをファイルにつづる。授業では四人一組に机をくっつけ、子どもはマイペースで学習し、教師は支援に徹する。子ども同士は互いに教え合う。

「他人と競争する場面が減って、分からないことを教え合う関係が自然に生まれやすい」と校長は説明する。

授業が終わるごとに、「よくできた」から「もう少し」までの四段階で自己評価する。教師は、一人

ひとり異なる目標を把握して指導する。

「社会構成主義（socio-constructivism：social constructivism）」とは、一九九〇年以降に、構成主義に対する批判として起こってきた教育学理論である。「構成」という活動は、一人で行うものではない。孤立した個人の活動ではなく、社会的な脈絡、すなわち人間関係や社会との関係で構成という活動が起きてくるというのである。したがって、学習の質は「協同」という活動が大きく左右することになる。社会構成主義で得られた知識は、「協同の知」と呼ぶにふさわしいものであろう。

いわば教え合い、学び合う中で、より充実した知識を作り上げていくということである。クラスやグループで学ぶことでよりよくわかり、不十分な知識をより充実したものに高めていくということだ。

一般的に、構成主義はスイスの心理学者ピアジェの提唱した理論であり、社会構成主義はロシアの心理学者ヴィゴツキーの提唱した理論であるとされている。ピアジェは個々の学習者に生じる生物学的・心理学的メカニズムを解明し、ヴィゴツキーは学習に影響を与える社会的要因に着目したからだというのである。だがそれは、教育学研究者たちがそう読み込んだだけの話である。たとえばピアジェを同化論者と見て、構成主義以前の理論と解する研究者もいる。ピアジェ理論の中心は、「内化」であり、同化と調節という弁証法的な活動を拒否しているという批判である。まったく同様に、ヴィゴツキーやレオンチェフの理論も「内化論」であり、主体の内的な創造活動を無視しているという批判を投げかける研究者もいる。(3) つまり、外部にある知識や技能を個体の内部にそのまま吸収するというのが内化であるが、知識や技能を吸収しながら自分を変えたり（「調節」）、対象を探求したり変化させたりする活動を

「内化論」は軽視していると批判するわけである。

　ここでは、ピアジェとヴィゴツキーのどちらが社会構成主義の始祖なのかということは重要な問題ではない。問題はどのように望ましい社会的活動、いわゆる協同を作り上げていくかにある。学習とは、「子ども・大人のどちらによっても管理されない」「いかに学習目標を理解し、いかに課題を理解すべきか、今まで何を学んできたのか、学習を終わらせるかどうかについて、学習場面に参加するすべての参加者によって行われなくてはならない」(4)という解釈もある。

　だが、フィンランドでは教師が子どもたちに積極的に働きかけはしているものの、最後の判断は子どもたちに任されていた。いわば、教師は授業を作り出すようイニシアチブを発揮していながら、管理者とはならず、子どもは学習内容を取捨・選択し決定できる主体者になっていた。

　社会の中で自分の将来を考えて、仲間と協同し、目標を持って学んでいる、これがフィンランドで子どもたちが積極的に学ぼうとする秘訣である。

　社会構成主義者は、学習理論は、「客観主義（objectivism）から「構成主義」を経て、「社会構成主義」へと発展してきたと見ている。「客観主義」とは、知識や法則は、主観のいかんにかかわらず、客観的に知識や法則が存在すると考える。心理学思想では、客観主義を二〇世紀初めの行動主義（behaviorism）と二〇世紀中期の認知主義（cognitivism）とに分けるようである。

　そして客観主義とは、真偽は主体の外で、人間の意識・意欲にかかわりなく決定されているとみなす。この論を進めれば、知識とは主体の意図いかんにかかわらず、学問の論理で体系化され、一つに整理されるということになる。この客観主義にもとづいた学習理論では、この体系だった知識は、主体の内部に低度のものから決まった順番で積み上げ、形成していくことができるということになる。このような教育を教授（instruction 中に積み上げる）と呼ぶ。主体の内部状態にかかわらず、知識習得の順序があるとみて、これを発達の筋道と呼ぶのである。

これに基づけば、目の前にいる子どもたちを無視しても、全国的に一律の教育内容が決定できるというわけである。なぜならば、子どもたちの関心・意欲にかかわらず、知識の体系は社会的に存在することになっているからである。すると教師の役割は、この知識の体系を順々に、計画的に、効率よく教え込んでいくことと解釈されることになる。

だが、この客観主義の欠陥は、知識や技能の習得だけが学習の目標となってしまい、応用や創造が軽視されてしまうことであり、知識や技能の伝達が教育の目的となってしまい、学習力の形成に失敗することである。またさらなる欠陥は、唯一正しい知識が存在すると錯覚し、それを暗記すればよいと思い込んでしまうことである。

日本はこの穴に落ち、そしてフィンランドは抜け出した。

異なる多様な者を集める、つまり異質集団を組織して、一人ひとりに合わせた教育をするという逆転の発想は、この社会構成主義という学習理論が支えているのである。

日本の厚生労働省が注目したフィンランド的学習力の形成

変動し、革新され続ける現代にあっては、人間は一生涯にわたって能力を獲得し続けなくてはならない。このことを「生涯学習」という。生涯学習の思想は、北欧の福祉国家でじつによく定着している。そこで、学校教育の目的は、基盤となる知識や技能とともに、一生通用する学習力を育てるということになる。この学習力をどう理解するか。

日本の教育史では、「戦後新教育」あるいは「経験主義」「活動主義」は、否定されるべき過去の教育方法とされてきた。しかし、じつはこの「活動主義」こそが未来のもの、「ポスト工業化社会」に適切なものだという判断がある。

日本の厚生労働省は、「働く者の生活と社会のあり方に関する懇談会」に『転換期の社会と働く者の生活―「人間開花社会」の実現に向けて』という報告書(5)を提出している。これは、二〇〇四年六月のことであるから、同じ時期に文部科学省とは違った動きをとっていたことになる。いや、一九八〇年代の臨時教育審議会では、同じような論議をしていたので、その後の日本の文部科学省のぶれが大きいというべきであろう。

ポスト工業化社会とは何か。厚生労働省の報告書によると、「多様な消費者ニーズを背景に、商品やサービスの質・付加価値が重視され、ヒトが『知恵』や『感性』を通じて、これを作り出すことが経済活動に大きく寄与することになってくる」社会のことである。となると、決まり切ったことを言われるままに行うような労働力では、対応できないということになる。

そこで、ポスト工業化社会とは、「さまざまな資質と才能を持った個人が、その能力を発揮することが経済活動の源であり、個人の多様な資質や才能を発見し、伸ばしていくことが教育の役割である」というようになっていく。日本では厚生労働省に教育哲学を語られてしまったのである。

さらに、今後のポスト工業化社会では、「地域や家庭における世代交流や体験・実践の機会を豊富に用意することによって、再び、『学ぶ』こと、『遊ぶ』こと、『働く』ことを一体化させていくことが重要である」と、教育方法も指摘されている。そして、わざわざ「フィンランドの教育改革」という囲みまで作って、日本の厚生労働省は未来の教育モデルとしてフィンランドを高く評価しているのである。

フィンランドの教育改革

フィンランドでは、九〇年代に深刻な不況が続く中、今後のポスト工業化社会を支えるスモールビジネスの担い手を養成するという観点から、一九九四年、アホ政権が大胆な教育システム改革を実行した。

そのポイントは、(1)教師の質の確保(修士号取得を義務付け)、(2)教師への大幅権限委譲(教材・カリキュラム編成、授業内容等における教師の裁量拡大)、(3)授業方式からテーマ学習方式への転換及び少人数教育の徹底である。

これにより、生徒個人個人が、小グループの中で、直接教師の指導を受けつつ、与えられた課題について自ら調べ、討論し、考え方をまとめてプレゼンテーションすることを通して、知識を応用し、解決する力が養成されることにつながっている。

こうした改革の成果は、OECDによるPISA調査（知識や技能を実生活の様々な課題にどの程度活用できるかを測定する調査）においても現れており、特にテキストを理解し、応用する力を測る読解力分野で、フィンランドは、特に群を抜いた成績を収めており、欧州各国から注目を集めている。

こうした教育のあり方は、生涯にわたって学び続ける姿勢の確立にも資するものであり、絶えず能力開発・向上を行うことにより付加価値を生み出していく今後のポスト工業化社会における、育成のあり方のモデルを示していると考えられる。

（厚生労働省報告書『転換期の社会と働く者の生活──「人間開花社会」の実現に向けて』）

ここでいう「スモールビジネス」とは、客のニーズに合わせた小規模の個性的な企業活動を指すが、フィンランドでは自営業を含めて起業家精神を育てていたことが思い起こされる。授業方式からテーマ学習方式へとは、クラス一斉授業からグループや個人がテーマに基づいて自主的に学ぶ教育方法へと変えたことをいう。

日本の厚生労働省のように、ポスト工業化社会とかポストモダンなどという観点でどれくらい未来社会を描けるかは疑問があるにしても、この厚生労働省の論調はＯＥＣＤなど「先進」工業国の動きをとらえて、フィンランドの教育を未来への視点から評価している点では興味深いものである。

「拡張しゆく学習」という学習理論

フィンランドの教育関係者は、学習理論をイギリスやアメリカから学んだ。さらに、隣国ロシアの発達心理学者ヴィゴツキーやレオンチェフの学習理論を「内化理論」として退けながら(6)、ヘルシンキ大学の学習理論研究者エンゲストロームの「活動システム」論や「拡張しゆく学習（expanding learning）」論を受け容れている。ある意味では、エンゲストロームの理論がフィンランドの教育実践を土台にしてできあがったといえるかもしれない。

「内化理論」による学習とは、正しいとされる知識を主体が取り入れ、求められた時にそれをそのまま取り出すことと（批判者には）解釈される。「活動システム」論と「拡張しゆく学習」論による学習では、知識は主体が探求するものである。また主体は、それを社会における活動で適用する場合に、知識そのものを変革し新たな知識を創造していく。しかもこの過程は、社会的脈絡の中で、複数の人間の集団的な変換として起きていくというのである。こうしてフィンランドの教育学には、決まった知識を覚えればよいという学習観はなくなっている。

だが、もう一つの見方もできる。ヴィゴツキーは「発達の最近接領域」という理論を提示した。「大人の指導、援助の下で、可能な問題解決の水準」と「自主的活動において可能な問題解決の水準」とのあいだの「くいちがい」が、「子どもの発達の最近接領域」であるという。発達の差であるこの「領域」は、本意を生かして解釈し直すならば、「学習者が一人で対処できるレベル」と「他者が介在して解決可能になるレベル」との差であり、「他者」の介在のあり方によっては、その時点で一挙に伸びていけるものだということになる。この時機とくいちがいのありさまを個々人に合わせて適切に把握し、その個人に適切な可能性を示唆し、発達を支援することが教師の専門性となる。

また、その「他者」とは「教師」とは限らず、「大人」一般でも、子どもたちの「仲間」でもよい。「仲間」のほうが上手に教え、たちどころに「わかった」ということになる例がいくつもあるではないか。「協同の知」とはこのことなのだ。

さらに、ヴィゴツキーは、発達の方向が一つに定まっているとはいっていない。教師の見通すものだけが発達の系統ではなく、大人の思惑を超えて学習は拡張していくものなのだ。

そこで、社会構成主義とは、ヴィゴツキーの概念を使えば、「発達の最近接領域(7)」を協同で作り出していくことと言い換えられよう。

ここで、問題にすべきは、誰とどのように協同するか、教師は学習過程の管理者なのか、それとも協同・平等の参加者なのかということであるが、教師が支援者となる教育理論もここから生まれてくる。

人の心は、物との接触、人との接触の中でできてくる。ここでいう「人」には、他人だけでなくもう一人の自分も含まれていて、自問自答というのも協同や接触の一側面になる。また、後述する「省察」

ものことをいう。

自分から学ぶ勉強は楽しい

フィンランドでは、授業中、子どもたちは叱られるということがほとんどない。のびのびと育てられる。机の配置は、教師の教えやすいように組まれる。たいてい四つの机を集めて、そこで三人くらいがグループ学習をする。日本では信じがたいことだが、グループに入らないでマイペースで勉強する子どももいて、あちこちで勝手に勉強している。授業中に立って歩くことも自由で、水を飲みに行ったり、わからない子を教えに行ったりといろいろだ。二〇〇四年一二月一九日付の朝日新聞には、次のような例が伝えられている。

小学三年生担任のミッコ・アウティオ先生は、「できるだけ子どもたちの生活と学習を関連させる。国語なら読み書きの正確さより、読んだ文章について考え、感想や意見をどう表現するかに重点をおく(8)」と説明した。

中学二年生の数学の得意なカッリ・コムシ君は、「競争ではなく、自分がやりたくて、できるようになりたいから勉強している。数学が苦手な友達を助けてあげることはいいこと(9)」と話した。

実際にフィンランドの学校に飛び込んで教師を体験した鵜澤希伊子は、実感を込めて次のように言っている。フィンランドの授業では、他人の邪魔になるときだけ教師が注意するが、それもまれ。

「何をしていようがまったく注意はなされない。行儀を悪くして聞きもらしたり、勉強が遅れたりは本人の責任だから」[10]

ということだ。

「本人の責任だから」と言い切れるところが、フィンランドの教育のすごさである。それも、一人の教師とか一つの学校が実行しているわけではない。家庭にも社会にもそれが行き渡っているのである。そう考えると、日本との距離はずいぶんと遠い。

授業中に編み物をする男の子に対して、教師は、「今、何の時間なの」と言っただけだった。海外から来た大勢の参観者を前にして、とりつくろう気は一切ないらしい。後日、この話をフィンランド教育組合（OAJ）本部で披露した。マリヤッタ・メルト参事はこう言った。

「先生に何か考えがあってのことでしょう」

ずいぶんと教師を信頼している発言だ。

「では、その先生は何と判断したのでしょうか」

と筆者は食い下がった。

「それは、その生徒が勉強に集中できなくなって、それ以上やるとパニックを起こすとか、個人的な理由があったのでしょう」

と答えが返ってきた。

さてフィンランドの教師によると、グループと異なる作業をしている場合、考えられるのは、次の三つであるそうだ。

第一は、前の時間の作業の続きをやっていて、この授業にまだ入っていない。

第二は、この授業でやるべき学習・作業が終わってしまっているので、やり終えていない別の授業の作業をする。

第三は、集中力が散漫しているときに、たとえば叫びだしたり徘徊したりしがちな子どもには、教師との約束事として、叫ばない、徘徊しないかわりに、編み物など自分の集中できる作業を行うことになっている。

教師が設定した演習問題や課題などを早く終えてしまった子が、まったくその授業とは関係のないことをやり始めても、ちゃんと席について静かに作業に取り組んでいる限り、教師は別に注意はしない。

集中力の欠けてしまう子については、担任の教師は、個人個人に合わせて対策を考える。小学校低学年の場合には、たとえばスキンシップに飢えている子どもなら、膝に抱きかかえて話を聞いてやったりもする。集中力が散漫して作業が続けてできない子には、いわゆるお目付け役のようなしっかり者の生徒と一緒に考えたり計算をさせるとか、何か対策をとる。

そして動きまわってしまう子には、動きまわりたくなったら「自分の集中できることをやる」という約束事を決めることもある。このような約束は、学級作りの一環として解決される。たとえば、新学期が始まると、「クラスの約束事」をクラス全員で決め、署名をしたりして、公式の文書として作成する。その約束事の中に、「クラスを居心地よくする」「クラスの仲間が心地よく学習できるようにする」「個人が落ち着いて勉強できる環境にする」「友達を不愉快にしない」「お互いを助けてあげる」などがあって、その関連で自分は何をするか、具体的に生徒と教師が約束事を決めるようである。

この実施は教師にとっては日々教育であり、ある教師は授業が終わって解散して帰る前に、「今日の○○における○○の態度が非常に悪かったから、先生は非常に不愉快であった」と生徒に抗議し、何がどう悪くて、どういうことを自分たちがやってしまい、今後どういう処置をすべきであったかと生徒たちに考えさせることをする。考えさせるだけでなく、意見も出させる。フィンランドでは、ものごとを自分で考えるという教育が、教科の授業だけでなく、学校生活全体で、日々展開しているのである。

中学生・高校生となると、授業中にお喋りする者、漫画を描いたりしている子、ウォークマンを聞きながら演習問題に取り組む子までいる。この場合、フィンランドの教師のすることは、一方的に「注意」するのではなく、「なぜお喋りをするのか」「なぜウォークマンを聞くのか」、その説明を生徒に求める。そしてほかの生徒たちの意見も聞く。できるだけ、子ども同士で注意を促すのである。最後には、その態度や対応が、今行う行動としてふさわしいかどうかの判断を生徒に委ねることになる。少なくとも、「なぜ自分が注意されるのかがわからない」という状況だけは避けるようにしている。これの繰り返しだという。

危険なことや他人の妨害となる行為は、その理由をちゃんと言いながら何回でも注意しなくてはならない。「窓によじ登る子」「廊下で大声を出す子」という場合には、力ずくで引っ張りおろしたり、「うるさーい。静かにしなさい」と連発することになる。こんなことは別にフィンランドでなくてもすることだが、教師が生徒に強制しない、生徒は他人の妨害をしないという原則で教師が教えているようだ。

このように「生徒本人の責任だから」というのは、教師は何もしなくてよいということではない。むしろ逆である。PISAが示したように、「自らのやる気と動機がきわめて重要」なのだから、各国は生徒の動機形成を作り出そうとする。ところが、フィンランドでは、テストや序列付けなどを外発的動機として使えないので、教師たちは「別の方法」を見つけなくてはならない。そこで、

「フィンランドは、高度に個人別指導を取り入れた学習環境を生み出すことで対応しました」[11]というOECD教育局のシュライヒャー指標分析課長の説明になる。テストという手法で、勉強を一律に強制するという動機形成はできない。そのために教師は、生徒一人ひとりの勉学の様子を把握しながら、適切なときに適切な支援を与えて動機を形成していくというのである。これはきわめて高度な、専門的な対処を要する。

子どもの学習不安

子どもたちは、何のため、なぜ学んでいるのだろうか。

たとえば、日本人はじめアジア人が高得点をとっている数学の学び方を考えてみよう。

PISA調査によると、日本や韓国の子どもたちは不安に追い立てられて学んでいるが、フィンランドの子どもたちはその度合いが少ないようだ（表3-1）。

とりわけPISA調査から学力との相関を見ると、数学における不安が数学的リテラシーの得点に与える影響は、日本はマイナス一四、OECD平均はマイナス三五である。つまり、一般に学力が高い生

徒は不安が小さい、マイナス相関になると考えられるが、日本では、その値が平均よりずっと小さい。これは、「数学における不安は大きいが、それが得点にはあまり影響しない」ということであり、「得点の高い生徒も低い生徒も同じような数学での不安を持っている」ということである[12]。しかし日本では、数学での不安が得点にほとんど影響していない、つまり高得点の生徒も低得点の生徒も皆、不安のうちに勉強していることがはっきりする。むしろわずかではあるが、得点の高い者ほど不安が大きいという傾向を示している（表3-2）。日本では高得点の生徒でさえ、自信やゆとりがないということである。

一方、日本、韓国と同様に数学の学力の高いフィンランドでは、得点と不安は逆相関、すなわち高得点の生徒は不安がない、できる子は安心し自信を持っているという「当たり前」の結果が出ている。

ところで、表中にみえる「制御方略（control strategies）」とは、学習にあたって、「大事なところはどこか」「前にやったところはどこか」「自分がわからないのはどの辺か」「わからないところは必ず詳しく調べる」といった方策を立てることである。

OECD教育局のシュライヒャー指標分析課長は、この「制御方略」を次のように説明する。

「PISA調査によれば、成績の良い生徒ほど自分の勉強に高い関心をもっていて、教師に情報を与えられるのをひたすら待つのではなく、自分が勉強しなくてはならないことは何なのか、自分で考え計画を立てることができます[13]」

韓国では、できがよい生徒は方策を立てて計画的に、強い自己コントロールのうちに学んでいる。だから点数が高い。だが日本では、高得点の生徒も低得点の生徒も、ともに無方策である。言い換えれば、

表3-1　PISA 調査における数学の学習態度（%）

	日本	韓国	フィンランド	OECD 平均
①数学の授業についていけないのではないかとよく心配になる	68.7	79.2	50.4	56.9
②数学の宿題をやるとなるととても気が重くなる	51.5	33.2	6.7	29.2
③数学の問題をやっているといらいらする	42.1	44.3	15.0	29.0
④数学の問題を解くとき、手も足も出ないと感じる	35.0	44.5	25.5	28.6
⑤数学でひどい成績をとるのではないかと心配になる	66.0	78.1	51.2	59.0

表3-2　数学の得点との関連性（重回帰係数）

	数学での興味・関心・楽しみ	数学での不安	制御方略（control strategies）
日本	0.27	0.03	0.06
韓国	0.23	－0.04	0.27
フィンランド	0.17	－0.37	0.00

表3-3　宿題や自分の勉強をする時間（週平均）

	日本	フィンランド	韓国	アメリカ	平均
先生から出された宿題またはその他の課題	3.82	3.69	3.49	5.68	5.92
学校の補習授業	1.14	0.18	4.85	1.37	0.82
学校の発展授業	0.84	1.92	1.92	1.57	0.71
家庭教師がついての勉強	0.12	0.07	1.25	0.26	0.48
塾や予備校での授業	0.55	0.34	3.80	0.41	0.86
その他の勉強	1.99	0.87	4.18	1.51	1.62
合計	8.46	7.07	19.49	10.80	10.41

表3-1、2、3とも

＊国立教育政策研究所編『生きるための知識と技能②』ぎょうせい、2004年、135、144、286ページより作成。

＊日本や韓国の子どもたちの数学の学びは、あまり楽しくないようだ（表3-1）。韓国は強い自己コントロールで数学を学んでいる。フィンランドでは成績が良い子は不安が少ないのに、日本ではやや多い（表3-2）。フィンランドも日本も、子どもたちの家庭学習の時間は少ない（表3-3）。

高得点の生徒の多くの部分が無方策であるといえる。つまり大まかに言えば、日本の子どもたちは、学校や塾の教師の言うとおりに勉強しているだけで、自らの計画はあまりなく、それほど自分の頭を使っていない、「指示待ち人間」だということになる。ではフィンランドでは、どういうことになっているのだろうか。筆者の解釈では、数学の不得意な子もそれなりの意図をもって、いろいろなことを学んでいるということになるのだ。

家庭学習の面では、フィンランドも日本もあまりしていない。フィンランドでは、基本的には学校の授業をしっかりやって、宿題はそれほど多くなく、発展学習に比較的多くの時間をかけているということのようだ。校外の勉強時間のうち発展授業にあてる時間の割合は、フィンランドで二七％、日本で一〇％である（表3-3）。フィンランドの子どもたちは、学校が終われば宿題をするか、クラブ活動で趣味と個性を伸ばすことを日課にしており、一六歳まで受験勉強というようなものを経験していないということのようだ。

教師の力量の向上と社会的な尊敬

学力差のある子どもたちを同時に教えるとなると、教師に大きな負担がかかってくる。これをフィンランドはどのように切り抜けようとしたのか。それは、優秀な教師を育て、個々の教師の専門性を信頼し、教育活動を全面的に委ねる、そのためには、教師がもっとも働きやすい教育環境を作るということであった。

まず教師は、小学校段階の六年間を教える学級担任と中等教育段階を教える教科担当に分かれる。その両方とも、大学に五年間在籍し修士号を取得することが条件となる。フィンランドでは、教師の職は社会的にも尊敬されており、人気が高い。各種調査によると多くの高校生が志望する、一、二位を争う職種である。PISAセミナーでは、ヘルシンキ大学のマッティ・メリ教授が、普通科高校生の二六％が希望していると紹介したくらいである。だが、実際に教育系の大学に入学できるのは志願者の一割程度である。さらに、採用される者はもっと絞られることになる。教師への道は狭き門ということだ。このためフィンランドでは、他の職と比べても、きわめて能力と意欲の高い教師を確保できている。

大学の教師養成教育では、理論と実践との両面の実力が強調される。就職してからも自ら研究し、新しい教育思想や教育方法を探求し続けられるように、自己研修の能力をつけることが重視される。つまり現場に出てもつねに学び続け、社会状況の変化に対処するように努力していける教師を養成するというのである。

二〇〇五年のPISAセミナーで三回とも報告者にもなったメリ教授は、第三回PISAセミナーでの報告テーマを「研究者としての教師（Teacher as Researcher）」としていた。そして、いかに、大学で教師の卵たちを探求心豊かに育てているかを紹介した。

教師の高い能力とその努力ぶりを見ているので、親も生徒も教師を大いに信頼しているのだが、そのような国づくりを続けているフィンランドの社会は健全である。

行政側も、教師の能力を信頼し信用している。教師は、専門性を持った大切な働き手だからである。

国家教育委員会参事のレイヨ・ラウッカネン氏は、次のように言う。

「学校を評価する場合に、われわれの目的は、教職員に支援的なものであること、教職員が発達するのを助けることなのです」

「われわれは案内するだけであって、批判はしません。調査内容を公開したり、よい学校とか悪い学校を示す一覧表も作りません」

これを聞いたイギリスの新聞記者は、

「さらし者にしたり恥をかかせることは、フィンランド的なやり方ではない。自由と自治がフィンランド的なやり方なのだ。……抑圧よりも、教育学でいう創造性が奨励されている」(14)

と説明している。

二〇〇五年六月二三日のOECD東京セミナーにて、招待されたハータイネン教育大臣(当時)も、世界の研究者・報道関係者を前にして、はっきりとこう言った。「私たちは、けっして学校名を公表したりしません」と。

OECD教育局のシュライヒャー指標分析課長も、

「お金の問題ではないのです。教師は、労働条件のわりには比較的少ない給料(基本的な初任給は年一万七〇〇〇ポンド=三四〇万円)ですから。しかし、フィンランドの教師は、つねに見張られたり跡をつけられたりされるわけではなく、政府の官僚グループに従う必要もありません。彼らには、自分が望む方法で教える自由が許されているのです。とくに、彼らは高く評価され、尊敬されているのです」[15]

と太鼓判を押している。

要するに、社会全体が人間関係を教育的に築いているのだ。では、これだけ支援されてもうまくいかない教師はいないのだろうか。まったく努力しない教師はいないのだろうか。意地悪な筆者はそう考えてしまう。フィンランドでそう質問すると、こんな答えが返ってきた。

「そんな先生、毎日毎日子どもからも親からもいろいろ注文つけられ、やっていけなくなり、自分から辞めるでしょう」

自由と権限があるということは、重い責任もあるということだ。

全英教師組合のダグ・マッカボイ委員長は、フィンランドの政府報告に「教師は教育の真の専門職としてベストを尽くしていると信頼されてきた」と書いてあることを指摘し、

「かなりの自己権限（autonomy）があり、平等を基盤とした総合制学校制度の下で働く、高度に養成され信頼される教師、これこそわれわれが目標とすることではないのか」[16]

と述べている。それに比べ、「総合制学校は終わった」と言いながら、「スペシャリスト」という名のエリート養成を始めたイギリスは、逆の道を歩んでいるのではないかとマッカボイ委員長は指摘している。

表3-4は、学校長から見た「教師の人間関係」である。そのような学校にどれだけの生徒が在籍しているかが数値（%）で表されている。

フィンランドの場合を分析すると、教師が子どもに期待することが多く、しかも厳しすぎることはな

表3-4　校長は教師をどう見ているか

	日本	フィンランド	韓国	アメリカ	OECD平均
生徒に対する教師の期待が低い	32	7	32	24	26
生徒と教師の人間関係が乏しい	23	14	14	14	19
個々の生徒のニーズに教師が応えていない	34	35	28	31	36
教師の欠勤	4	20	11	13	22
改革に対する教職員の抵抗	42	13	17	33	27
教師が生徒に対して厳しすぎる	21	6	8	5	12
生徒の潜在能力を十分引き出す指導を教師がしていない	37	16	27	13	27

＊国立教育政策研究所編『生きるための知識と技能②』ぎょうせい、2004年、237ページより作成。
＊数値が高いほど、教師に起因する学級の雰囲気が良好でないと判断される。
＊日本の教師は欠勤が少ないけれども、生徒に厳しく、生徒の力をあまり引き出していない……と校長は見ている。

いようだ。教師は、生徒の潜在能力を十分ひきだすようにしていることもわかる。ただ、教師の欠勤がよくあるようで、校長はいらだっている。しかし、教育改革に対して教職員の抵抗は少ない。これは、教師が諦めてしまっているからでも、校長のいうことには何でも従うということでもない。教育改革の過程に教師が参加し、校長は教師の意見をよく聞き、教師の意見がうまく生かされている社会だということを意味する。個々の生徒のニーズには、フィンランドの教師はよく応えていると思われるのだが、期待が大きい分、校長から見てまだまだ不十分である。そんな調査結果であるようだ。

日本のような画一的指導がほとんどないことを考えれば、フィンランドではむしろ、個々の生徒のニーズが見えているからこそ、教師の不十分さも目につくということであろう。

4　フィンランドの教育背景

特急列車ペンドリーノ号がすべるように走りだす。やがて母親の読み語りが始まった。サガちゃんは１歳８か月。20分くらいすると飽きて、おもちゃで遊び始めたが。フィンランドではいろんな場面で学びが引き出されていく。

教室も学校もファミリー、福祉としての教育

教師たちは、同一の学校にほぼ定年まで勤める。そうなると、基礎学校の九年間（小学校六年間、中学校三年間）、あるいは高校の三年間で、子どもたちにどのような能力が身につき、どのような人間に育っていったかが教師の目の前で分かる仕組みになっている。そこで、子どもたちの学力形成や人格形成を長期的にじっくり取り組む姿勢ができる。近くに学校があり、同じ顔ぶれの教師がいる。ちょうどそれは大きな家、地域の子どもたちが育ち育てられる館に見える。テストをして点数をつけたり序列をつけたりすることに意味はなくなる。それぞれの子どもたちに、それなりの手当てが必要なのだから。

「福祉としての教育」という考えに基づいて、高校まで給食は無料で提供される。食事の指導という立場ではなく、福祉という立場からだ。給食は市内で献立が統一され、素材の仕入れは一括して行われる。だが調理は各学校で行われ、できたての料理が食べられる。中学校では肉料理のほかに、ベジタリアン

の献立も用意されていた。子どもたちはカフェテリア方式で、必要なだけよそっていく。そのために、「残すな」「好き嫌いを言うな」というような小言も言わなくてすむ。残飯もまずない。

また、地域には福祉の専門家がいて、自治体の支援体制が組まれているので、学校はそこと協力して問題に当たることになる。ちなみにフィンランドのソーシャルワーカーも、修士号取得が義務づけられた高度の専門職である。まず、『保育法』（一九九六年）によって、六歳以下の子どもは「保育への権利」を持つことになった。親が望めば、自治体が保育を提供しなければならない。さらに、多くの場合、小学二年生（八歳）までは、子どもの昼間の世話（デイ・ケア）は地方自治体の義務ととらえられている。フィンランドでは、ほとんどの母親が働いているので、子どもたちの放課後の過ごし方が大きな問題になっている。ことのほか、生徒の欠席には頭を悩ましている。非行というより、社会的生活に適応できないのである。そこで、学校を生活の場にすることがその解決策と考えられている。学校などを利用したクラブ活動のほかに、近ごろはインターネットを利用して家庭から宿題を質問できるサイトも整備されている。

二〇〇〇年から四年間かけて新社会・保健ケア計画が展開された。国家予算が少ないだけに、「ボランティア団体が支援する地方自治体サービス」という方式がとられた。たとえば、アクティヴィティは、ルター派教会とフィンランド・スロット・マシン協会などの後援を得ている。フィンランドでは、ゲームセンターのような遊び場は少なく、しかも未成年は入れない。スロット・マシンといってもスーパーの出口に置いてあるちゃちなもので、お年寄りが暇つぶしに釣り銭で遊ぶ程度のものだ。しかも指導員の雇用は、地域の失業者対策にもなる。現在、およそ五〇〇〇人の指導員がいる。

片親とか両親共働きの家庭には、このアクティヴィティはなくてはならないものになっている。アクティヴィティとは、体育、手工、語学、芸術表現、音楽などを内容にした、学校のクラブ活動や基礎的芸術教育のことである。現在は、小学一、二年生のモーニング・アクティヴィティとアフタヌーン・アクティヴィティは一日三時間をめどに実施され、現在、およそ三〇〇〇のグループが活動している。アクティヴィティの行われる時間帯は、朝七時から午後五時までで、費用は有料だが、総額で月六〇ユーロ（一万円弱程度）以下と定められている。

フィンランドでは、教育の基礎は家庭の問題だと突き放すのではなく、家庭にできないことは社会福祉として社会全体が受け持とうというわけである。それを国民は支持している。フィンランド経済研究センターの調査（二〇〇一年）によると、「優れた社会の安全やその他の公的サービスはとても費用のかかるものであるが、フィンランドの福祉国家にはコストをかける価値がある」と国民の八五％が答えているそうだ。

特別なニーズに対応した教育

フィンランドの学校に行くと、不思議な感覚にとらわれる。どこからが障害者なのか、その境がほぼ消えかかっている。さまざまな人々が一緒にいて、一人ひとりに必要な教育のニーズがあり、ニーズの多めな人が特別なニーズのある生徒だというくらいのことである。どこからが特別かという判断は、教育する側の「見る目」、つまり大人の側の余裕による。
フィンランドの歴史を振り返ると、第一期は、感覚障害、いわゆる身体障害にのみ目が向けられて、そのような子どもたちの多くは学校から排除されていた。第二期は、障害のある者に対して医療行為とリハビリテーションが行われたが、対象となる子どもたちは同質集団として分離された。第三期は、分離をやめて、標準化と統合が行われた時期である。現在は第四期にあたり、教育の平等と平等な教育サービスの時期である。一九九八年の『基礎教育法』には、統合教育と特別なニーズ（special needs）に応じた教育の実施が明記されている。ここでいう平等とは、不利な扱いを受けないことと解釈されるので、統合でありながらしかも特別な教育（special education）を受けることができるということだ。
『基礎教育法』では、「補習」（原語は tukiopetus ; remedial teaching : 回復教育）と「特別なニーズの教育」（原語は erityisopetus ; special-needs education）と分けて定義してある。
「一時的に遅れた生徒あるいはその他の特別なニーズの支援を必要とする生徒は、補習を受けられる」（一六条）
「学習が遅いあるいは困難を抱えている生徒は、他の授業に加えて特別なニーズの教育を受けられる」（一七条一項）
しかし、特別学級を編成して「取り出し授業（inside-class）」や補習を行えば、それは分離になって差別になるのではないか、第三回ＰＩＳＡセミナーの席でアメリカの教師はそう質問した。平等なのか差別なのか、その差を外の世界の者が言葉だけで理解することはなかなか困難である。

確かに授業を参観してみると、分けられた者の心は晴れない。特別学級の授業参観をしてみると、子どもたちの中には、自信のなさそうな、困ったなあという表情を浮かばせている子もいて、事態は簡単ではないことが分かる。だがフィンランドの教育が決定的に異なるのは、成績上位などというクラスはなく、分けられた者の大半が短期間に成績を底上げして統合学級に戻っていくことである。多くの特別学級は、統合学級で学ぶために一時的に利用するものである。できる限り「統合」が原則であり、現在のフィンランドは、社会的な分裂を克服するため積極的に早期介入しているとさえいえる。

第三回PISAセミナーで提示された「フィンランドにおける特別なニーズのある子ども」という教育指針（図4-1）は、フィンランドの現時点での合意事項である。個人シラバスになって、初めて共通のカリキュラムから離れる。そこまでは、形態は違っても教育目標は同じである。

まず、問題を抱えた子どもには、積極的にかかわりを持って相談に乗る。担任はもちろんのこと、校長も全生徒の顔と名前、その様子を知っていて、廊下でも教室でもどこでも声をかけている。また用務員さんはたいてい若い男性で、校内の安全を確保しながら、校内を巡回したり、玄関で声かけなどを行い、子どもたちの兄貴分として相談にものっている。このレベルで解決することもたくさんある。

補習は、一般の教員もしくは普通学級補助員があたる。学習障害を抱えた子どもへの対応は、学習困難を克服する教育方法を学んでいて、資格を持った特別支援教師が当たる。たいていの学校に一名が加配されている。学習の形態は、一般の授業に特別支援教師が入っていってチーム・ティーチングをするとか、少数グループの取り出し授業や、個人指導まである。授業のレベルは、共通のカリキュラムに基

図4-1　フィンランドにおける特別なニーズのある子どもの統合と分離の手順

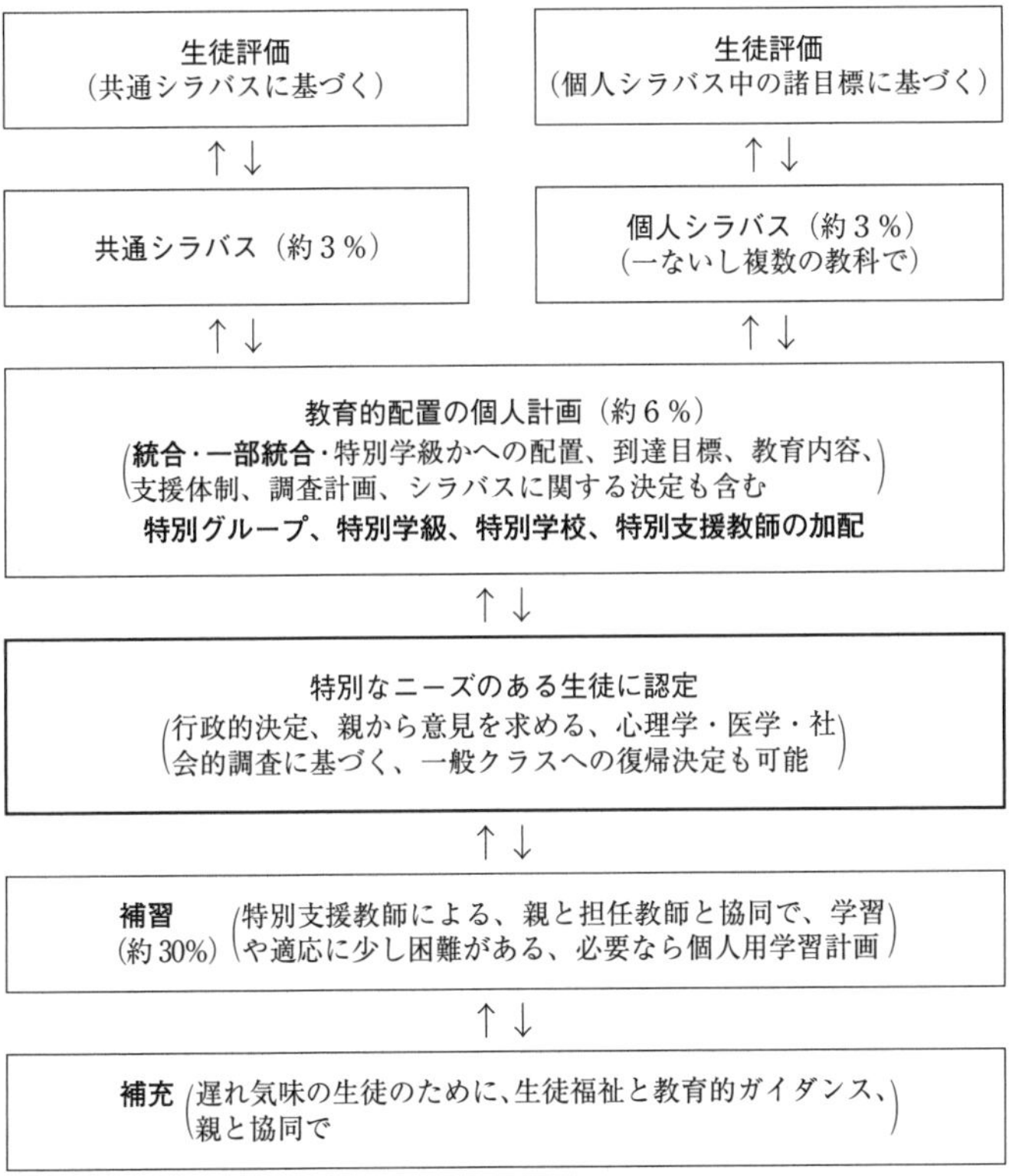

＊ Pirjo Koivula, Kristiina Laitinen. *Special Needs Education and Student Welfare.*（第３回 PISA セミナー配付資料）

＊約30％の子どもたちが補習を受けている。この補習も特別なニーズの教育の一環とみなされる。

＊特別なニーズのある生徒には約６％の子どもたちが認定されている。この子たちの教育に特別支援教師が加配される仕組みになっている。

＊特別なニーズのある生徒の約半数が統合学級と同じ教育目標にし、約半数は個々人に合わせて目標が変えられる。

づき具体的で簡単な課題から始めて、時間をかけて複雑な課題にまで到達する。

また取り出す場合にも、特別なニーズではない生徒も少数混ぜて学級編成をしている学校もある。この実践は、ユニークな活動として第一回PISAセミナーで報告された。

特別なニーズのある子どもには、親、担任・担当教師、特別支援教師の三者が協同して対処する性格のものとされる。表4-1を見ると、フィンランドでは統合学級（いわゆる一般クラス、普通学級）でも、早期に大量に介入し、「落ちこぼし」を防止していることがわかる。

ユヴァスキュラ大学のヴァリヤルヴィ教授は、イギリス人記者に向って、

「わが国の成績不振者はとてもよくやっている。そのため、他国に比べれば好成績者との格差は小さい。でも、あなたがたは大変な苦労をなさらなくてはならないということは分かります」(1)

と語っている。「落ちこぼし」を作ってしまえば、「そんな生徒のために大変な苦労」が待っている。だがフィンランドは、「大変な苦労」から解放されているのではなく、前もって行っているのだ。「成績不振者はとてもよくやっている」といえるほどに、ちゃんと支援しているのだ。その結果がPISAでレベル1未満が一％台という成果を生み、しかも全体の成績が高くなっているわけである。

ヴァリヤルヴィ教授は、さらに続けてこう語った。

「もし、あなたがたが競争を強調されれば、成績不振者は負け組になり、溝は広がるでしょう」

つまり彼は、教育のせいで社会が分裂してよいのですかと問うたわけである。

特別なニーズを持った子どもと認められると、自治体の予算で特別支援教師が加配されるなど特別な

表4-1　統合学級にいて補習を受ける生徒数

	補習教育を受けた者（2004年フィンランド）	統合学級で補習を受けた者の割合（2003）	
		フィンランド	アメリカ
1年生（7歳）	21898人	37％	5.3％
2（8）	20373	33	6.4
3（9）	16850	28	7.3
4（10）	13818	23	7.5
5（11）	11550	19	7.3
6（12）	9287	15	5.5
7（13）	9498	16	5.2
8（14）	10484	17	4.4
9（15）	10103	17	4.8
10（16）	142		
合計	126390（21.2%）	21.86%	6.47%
うち女子	47034		

＊Pirjo Koivula. *Special Needs Education and Inclusion Policy.*（第3回PISAセミナー配付資料）、EDU/CERI/DDD（2005）4から構成。
＊フィンランドでは、小学校低学年のうちに早期介入で落ちこぼしをくいとめる。

表4-2　特別なニーズのある生徒の学校形態（2004年）

	在籍生徒数（％）
特別学校	10043　（1.69）
特別学級、特別グループ	12893　（2.17）
一部統合	8144　（1.37）
統合	8718　（1.48）
合計	39798　（6.71）

＊Pirjo Koivula. *Special Needs Education and Inclusion Policy.*（第3回PISAセミナー配付資料）
＊フィンランドでは「統合」が大原則。できるだけ分離を避けるように動いている。

手だてが講じられる。現在、そのような子どもたちは基礎学校全学年を平均して六・七％である。そのうち約半数が個人シラバスを持っている状況である。ということは、特別なニーズを持った子どもたちの半数は、共通の到達目標に向けて学んでいることになる。具体的な対応は、表4‐1、2のようになる。さらに教育行政の方針として、特別学校（養護学校）を廃止しながら、そこから一般の総合制学校内特別学級に対象者を移しつつある。統計によると、特別学校は一九九一年には三六二校、二〇〇二年には二五〇校、二〇〇四年には二〇七校と減少している。特別学級は養護教師および特別学級補助員が担当する。

逆に、特別なニーズのある生徒の割合は年々増え続けていて、たとえば一九九六年から、三・〇、三・四、三・七、四・一となり、二〇〇〇年には四・七、その後は五・二、五・七、六・二と増えて、二〇〇四年には六・七％となっている。

ＰＩＳＡ２００３に参加した生徒に占める「特別なニーズのある生徒」の割合は、二〇〇五年九月公表の分析によると、フィンランドでは七・二％、スウェーデン四・一％、アメリカ合衆国三・六％だが、日本も韓国もゼロとなっている。(2) フィンランドは、国際学力調査でもふだんのままで、けっして排除したりはしていない。

教育と福祉の実践――シュルヴァー基礎学校

二〇〇五年三月の第一回ＰＩＳＡセミナーで実践報告をしたシュルヴァー基礎学校（Sylvää）の校長

先生は、三四歳のヤリ・アンダーソンである。「ほかの教師は自分より年配だからやりにくくて」と言っていた。彼は校長になって二年目だそうだ。公募があり、応募したという。英語で受け答えをするエネルギッシュな、新しいタイプの校長である。フィンランドでは公募はまだ珍しく、たいてい教師経験者が校長になっていく。

町の住民は一万五二〇〇人、学校の生徒は五六〇人、教師は四五人いる。学校心理士は二名、その他のスタッフは一一名いる。さらに自治体所属のソーシャルワーカー（カウンセラー）、養護教師と「生徒参画促進プログラムのコーディネーター」も各一名ずつ常駐しているという。贅沢な布陣だ。学校心理士は、成長期の悩みや進路の相談を受ける。ソーシャルワーカーは、いじめや人間関係、地域や家庭の問題の相談を受ける。

一クラスの生徒定員は二四〜二七人で、外国語の授業は一六人以下にする。これは地方自治体の経済状態で決まったのだという。

フィンランドでは、教育予算は主として生徒数を積算基準を決めて算出し、それを交付金として国から地方財源に組み込む。その他の財源と合わせ、また合計額が人口に比して少ない自治体には多い自治体から移してならすのである。これで決まった財源を眺めて、それこそ人口一、二万人の自治体で金の工面をつけるのである。たいてい教育費は優先され、不足する場合には教育税を徴収してもよいことになっている。そこで、その地域の困難な状況を見ながら、ソーシャルワーカーを増やすか、教師を増やして学級定数を減らすか、特別支援教員をパートでたくさん雇うのか、その自治体が決めるのである。

表4-3　諸学校法に見る生徒の福祉

①福祉への全体的なアプローチ 　学習の必須条件としての子どもの福祉 　健康な成長と発達 　予防と早期介入 　主権者の権利としての福祉サービス
②安全 　安全で健康的な学習環境 　暴力、いじめ、嫌がらせ（ハラスメント）に対して生徒を防衛するプラン
③協力 　家庭と学校との協力 　他の諸機関との協力

＊Irmeli Halinen. *Comprehensive Schools - the Culture of Learning and Welfare.*（第1回 PISA セミナー配付資料）
＊フィンランドの学校では人間形成全体に気を配っている。また諸問題を家庭や地域とともに解決する姿勢にあり、親も学校任せにはしない。

また、どの学校に、どの教科あるいはどの専門家を採用するかは、その学校と地方自治体の交渉で決まってくるので、校長の教育方針を生かすこともできるが責任も重大である。

この学校では新しい試みとして、どの教師も子どもと青年の福祉に対して責任を持つという態勢をとっている（表4-3）。クラス担任が子どもを全体的に観察し、問題を分析する。まず主要な問題は生徒の欠席対策である。生徒の欠席は用務員が記録する。学級担任は欠席者がいた場合には、用務員に問い合わせるという仕組みである。

問題が起きたときには、大きくなる前に早期介入が原則である。問題に対処するために校長、副校長、ソーシャルワーカー、学校心理士、学校看護士、特別支援教師からなる六人の「福祉チーム」が組織され、情報を集め、対策を立てる。実際の対応はソーシャルワーカーが担当するが、校長も加わって親を交えて解決をはかることになる。日本のように学級担任任せにはしない。

福祉としての教育の最終目的は、子ども・青年に自立を促すことで、家庭に問題がある場合でも、「生徒が、自分自身と周囲の状況を把握することができる積極的な行動者（active doer）に発達すること」とされる。学校が家庭環境を変えるのには限界があるので、子どもが自立するように支援するわけである。

欧米の学校は、客観的な知識を教科として教えることに、学校とりわけ教師の役割を限定してきた。しかしフィンランドでは今、学校が生活の場面まで積極的にかかわるように変化しつつあるようだ。「西ヨーロッパとの違いはいつから出てきたのか」と、第二回ＰＩＳＡセミナーで質問した。発達心理学を専門とするインゲル・ダールグレン主任心理学士（ヘルシンキ市教育庁）は、「それは昔からだ」と答えた。しかし、会議終了後に、「これまであまり自覚してこなかったが、教育の重要な視点なのかもしれない」と語った。

地域の学校と独自性——ユヴァンプイスト基礎学校

二〇〇五年一〇月一〇日、第二回ＰＩＳＡセミナーの手配で、エスポー市のユヴァンプイスト（Juvan-puisto）基礎学校を訪問した。新興住宅地に二〇〇三年に創設された学校で、就学前学級（六歳児）を持つ、九年制の学校である。まだ九年生はいない。生徒数は、四三六人。教師構成は、校長一、副校長一、学校事務一、教師三〇、学校心理士一、支援教師六、用務員一、養護教師一、合計四二名である。

表4-4　ユヴァンプイスト基礎学校の在籍生徒状況

学　年	生徒数（A）	学級数（B）	A/B
就学前	41	3	13.7
1	64	3	21.3
2	54	3	18.0
3	65	4	16.3
4	34	2	17.0
5	30	1	30.0
6	29	1	29.0
7	62	3	20.7
8	54	3	18.0
9	–	–	–
	433	23	18.8

＊オッシ・アイラスコルピ校長提供（第２回 PISA セミナー配付資料）。この表の作成後に３名増えた。
＊クラス人数は、実際の生徒の状況を見て学校で決め直す。全国平均は１学級 16 人。

この校区には、移民の子どもたちは少ないので、移民向けの準備学級を編成しなくても対応できているという。

この学校の運営目標は、「安全」「安定」「平等」である。

学年によって生徒数とクラス数の比率が異なるのは、特別支援学級を形成する必要があるかどうか、生徒の実情に合わせているためである。外国語の授業になると、このクラスはさらに二分される。一クラス当たりの生徒数は、単純に割り算するとA／B（表4–4）のように、一四〜三〇とまちまちである。教育的対応は、生徒を見ながら必要に応じ、もっともよい方法がとられるわけで、機械的に教師を配分するわけではない。

この学校の教科課程表（表4–5）をみると、合計単位数は国家カリキュラム大綱よりも四時間分多い。さらに、科目もいくつか作り替えてある。まず、

表4-5　ユヴァンプイスト基礎学校のカリキュラム

科目	学年 1	2	3	4	5	6	7	8	9	合計	国家カリキュラム大綱との比較
フィンランド語	7	7	6	6	4	5	3	3	3	44	3～5学年で +2
英語（外国語 A1 言語）			2	2	2	2	2	3	3	16	
フランス語（自由選択 A2 言語）				2	2	2	2	2	2	12	選択科目、自由選択（A 言語）相当。自由科目には -1
スウェーデン語（外国語 B 言語）								2	2	4	-2
数学	4	4	4	4	4	4	3	3	4	34	1～2学年で +2
自然科学	2	2	3	2	1	1	2	2	3	30	「環境」名称変更 生物・地理解体 -1
物理・化学							2	2	2		物理・化学 -3
料理							3				料理新設 +3
健康教育							0.5	2	0.5		
宗教／倫理	1	1	1	1	2	2	1	1	1	11	
歴史					1	2	2	2	3	10	「歴史・社会」名称変更
	26				36（*6 選択）					62	5～9学年で +6
美術	1.5	1.5	2	2	3	3	2	*	*		
音楽	1	1	1	1	2	2	1	*	*		
手工	1.5	1.5	2	2	2	2	3	*	*		
体育	2	2	2	2	2	2	2	2	2		
家庭科										0	-3　自然科学欄の料理に変更
カウンセリング							0.5	0.5	2	3	+1　「職業ガイダンス」名称変更
最少授業時間数	20	20	23	24	25	27	29	**		226	+4
国家カリキュラム大綱との比較	+1	+1		+1	+1	+3	-1	-2			

＊8年生の最少授業時間数の合計（** 印）は、24.5 に * 印の選択授業を加えたもの、9年生の合計は 27.5 に * 印の選択授業を加える。
＊オッシ・アイラスコルピ校長提供（第2回 PISA セミナー配付資料）。
＊家庭科を理科に移すことも学校の裁量。国家カリキュラム大綱は変更できる。

フィンランド語が多くとってある。第二外国語としてフランス語が、第三外国語としてスウェーデン語が当てられている。選択科目枠と自由選択（A言語）枠は、すべてフランス語に当ててある。それ以外の選択授業を望む生徒は、別の学校に通うしかない。数学が二増。代わりに理科の授業は、生物と地理を解体・再編成して一減、物理・化学も三減としてある。理科を補強するために、三時限分の家庭科を料理という科目に衣替えして自然科学の欄に移動させてある。生活科学面を重視した授業にするということであろうか。こうして理科は、都合一減となる。芸術・実技系がきわめて多くしてあり、この追加分を用いて高学年で一つの分野に集中できるようにしてある。いわば国家カリキュラム大綱で指定する選択科目を、実質的に芸術系の授業の選択として生かしてある。

フランス語以外の外国語をとりたい者はどうなるのかという参観者の問いに対して、

「それは隣の学校に行ってもらう。でも、テレビで外国語は日常的に入ってくる。ロシア語も、ドイツ語も子どもたちは知っている」

と校長は答えた。そして、筆者の顔を見ながら、

「この間は広島の教師がやってきた。琴を弾いてくれて、寿司を作ってくれて、子どもたちは習字を習った」

という。子どもたちは複数の文化に馴染み、それほど苦もなく複数の言語を習得していくということを言いたいらしい。確かに教室を出るときに、めざとく筆者を日本人と認めて「ありがと〜ぉ、ござ〜ぁいました」と声をかけてきた生徒もいた。

この学校では、日本のPTAに相当する「家庭・学校協議会（Home and School Association）」が組織してある。会合は少なくとも年二回開かれる。この協議会の役割は、放課後のクラブ活動を組織することである。

ここでは、モーニング・ケアは民間企業が担当し、アフタヌーン・ケアは福祉団体（地域児童福祉組合）が担当している。就学前の子どもたち（六歳児学級）、一、二年生が対象となる。その他のアフタヌーン・アクティヴィティは、有料である。

教師の平均給料は、月一八〇〇〜二二〇〇ユーロ（二五〜三〇万円）である。教師の給料は経験年数に比例して加算される。これは純粋に年数だけで加算され、「評価給」とか「能力給」などという考えはない（表4-6）。基本の授業以外のことを行えば、追加給が支払われる。教師の給料は、他の事務職よりは高いほうである。

表4-6　給料の加算率

経験年数（年）	加算率（%）
2	2
5	4
8	9
10	13
13	18
15	24
20	30

＊教師の給料は経験年数だけで決まる。

教科書は、教師個人が担当する教科あるいは担任する学年のものを選び、校長が承認する。たいてい、担当教師がもっとも気に入ったものが選ばれている。教科書は貸与式で、できるだけ長持ちさせたいが、三年以上はもたないという説明であった。使えば汚れていくのが当然で、買い足していくというわけである。「公共のものだから汚すな」という堅苦しい雰囲気もない。

特別支援教師は、生徒の学習困難を改善するために置かれており、生徒が必要に応じて教育を受けられるように待機している。

この学校には特別学級が置かれている。生徒を特別学級に入れるかどうかは、「生徒福祉チーム（student welfare team）」が最終判断する。その生徒の特別なニーズの程度によって、①補充をするのか、②普通の「授業中の支援（inner-class）」か、「取り出し授業」をするか、③個人シラバス（学習計画）を作り統合学級と異なった学習のペースをとるか、④それともかなりの程度で授業を分けて行う、固定的な特別学級を組織するかが決められる。特別学級では、語学と数学が行われるのが普通で、それ以外は統合学級で統合教育が行われる。特別学級は生徒五人程度で構成され、授業を担当するのは、一人の担任ともう一人の支援教師である。どちらも特別支援教師の資格がある。

特別学級を構成してメンバーが固定するのかという質問に対して、アイラスコルピ校長は、

「『特別なニーズ（special needs）』は個々人それぞれ違っており、普通でないから『特別』というのであって、それを集めても意味がない。統合が基本だ」

と答えた。統合の方法は、「特別支援教師と統合学級の担任とが話し合って統合のチャンスを決める」という。では、どのような子どもたちで特別学級を形成するのか。それは、「集中できない子だ。ＡＤＨＤ（注意欠陥・移動性障害）やアスペルガー症候群などだ」と彼は説明した。

個人用の学習計画（個人シラバス）を作る場合には、親と相談しながら決める。親と密接な関係を保ちながら、年に二回は進捗《しんちょく》状況を親とチェックする。

授業風景を写真で紹介しよう。六歳児である就学前学級の子どもたちは、二か月前に入学したばかりである。とても集団行動などできないらしい。全体で一三人の生徒がいるのだが、机に向かってノートを用いて課題をこなしているのは三人。先生の話を聞いているのは二人。黒板になにやら書き込んで、考え込んでいる二人。粘土細工をしている三人。床で積み木をしている一人。机の下を這ってかくれんぼをしている二人、という具合であった。日本でいえば小学一年生にあたるのだが、学級崩壊などと大騒ぎになるわけではない。すべては担任教師に任せてあり、学校は子どもたちをじっくり育てていく。

三年生の特別学級には、七人の子どもと二人の教師、つまり担任と特別支援教師がいた。英語（外国語A言語）を絵の多い教材で、大きな文字をゆっくり書きながら学習していた。先生がついていないと、すぐに席を立って歩きはじめる。教師はそれを無理に止めないで、順番に、少しずつ学習をさせていた。かなりの時間、いすに座って、マイペースでじっくり学んでいる子も二人いた。

四年生のフィンランド語の授業は、生徒が一七人で、二人、二人、四人、四人、五人のグループに分かれて学習していた。このくらいの学年になれば、グループ形態をとってなんとか落ち着いて学習するようになるようだ、しかし中学年以上になると、ほとんどのグループが男女別に分かれてしまうのは止めようもないことなのか。

七年生のコンピュータの授業は、情報を検索してデータを取り出し、表を作成するという作業であった。一〇人の生徒それぞれに一台があてがわれているのだが、分からなくなると立って歩いて聞きまわる子が少数、自分ではしないで他人の面倒見に徹する子が一人、誰もが黙々と作業をしていた。先生に

(下) この時、先生の話を聞いていたのはこの2人だけ。

(上) 机に向かって勉強している子がいる。黒板に何か書いている2人組もいる。

(右) 粘土細工をする3人。
(右下) 机の下でかくれんぼをする2人。

(左) 机の陰で1人で積み木をする子も。

(上) 7年生のフィンランド語。10人で一斉授業。(下左) 新聞が教材として用意されていた。(下右) 文章要約の課題を書き込んでいたが、窓の外を眺めている子も。

廊下の片隅で、4年生が数学のテスト。どうやら「取り出し」授業形式の補習らしい。

聞くよりも、同じ作業をしている友達にたずねるほうが早いということか。授業が始まったばかりのせいか、それとも興味のある課題なのか、遊んでいる子も、一休みしている子もいなかった。

七年生のフィンランド語の時間。一〇人の生徒に一斉授業をしていた。日本式の黒板に向かって二人ずつ並ぶ方式である。新聞が積み上げてあったので、この時間は「教育の中の新聞」(後述)という授業に展開していくのだろうか。

廊下を移動していると、広場の片隅で四年生が四人だけ、数学の試験をしていた。取り出し形式で特別支援授業(補習)をしているようだった。教師はアフリカ系の若い女性だった。

八年生の物理の授業は、力のモーメントを考えるものだった。ここの生徒も一七人で、二人、二人、四人、四人、五人のグループに分かれて学習していた。全然乗り気のない二人組。早く早くと待ちきれないグループ。四人のうち一人だけが作業して、あとの三人がおしゃべりしているグループ。四人が協力して、速いペースで次々に課題をこなしていくグループと、いろいろだ。

八年生の職業オリエンテーションにあたる「カウンセリング」の時間では、「未来」というテキストを使っていた。色紙が渡されて、そこに花の絵を描くように指示された。照れながらも熱心に取り組む男子生徒。むしろ、しらけているのは女子生徒で、ケータイでメールを送っている子もいた。彼女はその後、作業を渋々始めた。一八人が一人、二人、三人、四人、四人、四人とグループに分かれていた。あとで写真を見てみると、一人だけまったくとけ込めないでいる女子生徒がいる。この授業が、その後どう展開していったのか知りたいところだ。

（上左） 8年生17人の物理の授業。この二人は自分たちだけで実験を始めた。（上右） 先生の話を聞いているのか、いないのか。（左） まったくやろうとしない二人。隣から見にきている子もいる。

（上） 自分たちのやりたい放題のグループも。

（上） このグループは協力しあい、先生がいなくてもどんどん先に進んでいった。

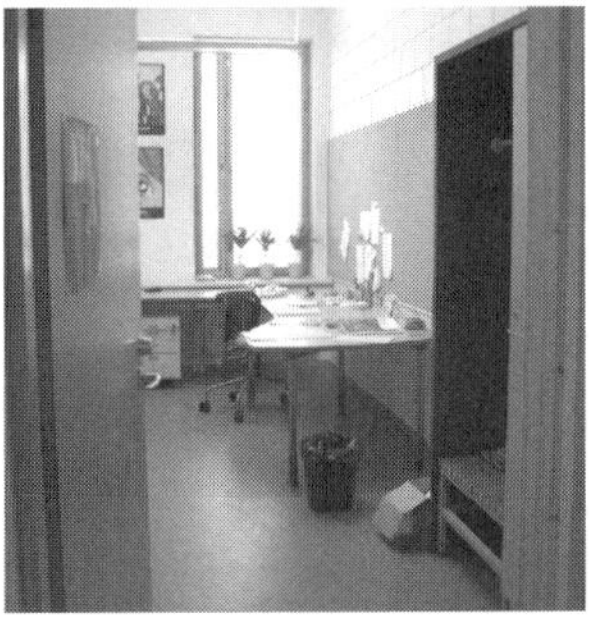

（右） 小学校の先生の個室。作業ができるようになっている。

この小学校では担任教師にも個室が与えられている。教室では話せない相談に乗ったりしているようだ。個人の指導ファイルなど、教室に置くとよくないものもあるだろう。そういえば、職員室は狭く、会議をするような雰囲気ではなかった。教師に個室が与えられているということは、大学の教員並みにそれだけ専門職として尊重されているということである。

こうしてみると、確かに日本のような一斉授業にはほとんど出くわさなかった。説明は一斉にするにしても、それは短時間で終えて課題遂行は個々のグループに任せ、その進行状況に合わせて教師が指導するという形が一般的にとられていた。低学年ではグループ作業も難しいのだが、教師の力で押さえ込もうという雰囲気はまるでなかった。

ユニークな建物とフレネ教育の実践——ストロンベリ小学校

二〇〇五年一二月一二日（月曜日）、ヘルシンキ市の郊外にあるストロンベリ小学校（Strömberg またはStorömbergin ala-asteen koulu）を訪ねた（本書一一六ページの記事と同一校）。二〇〇〇年に開校した新しい学校である。「フレネ教育」（後述）を実践していることと、工場の建物を再利用した斬新なデザインの校舎ということで有名な学校である。この学校は、自由教育のモデルとして、インターネットでも紹介されている。(3)

玄関を入ると、そこはホールになっており、ストーブが赤々と燃えていた。朝には用務員のケイヨ・ハマライネンさんが出迎え、子どもたちに次々と声をかけていくという。子どもたちの出身階層はまち

（上）小学校の工作室。天井が高い。

（上）先生はいるのだけど、（右）子どもたちが打ち合わせをして、（右下）作業は進む。

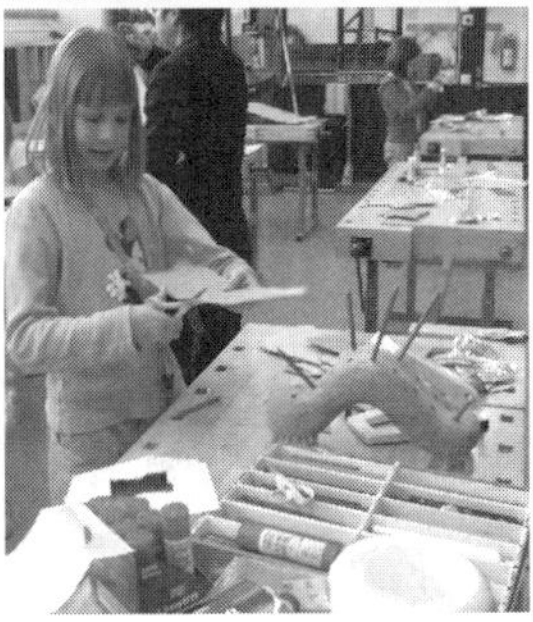

（左）そして、授業は終わった。

まちで、戸建て住宅を持つ裕福な層から市営住宅に住む貧しい層まで広く分布している。

校内には、冬でも植物が育つ温室もあり、コーナーには読書のためのソファが置かれていて、チェステーブルもある。この学校では、子どもたちは互いに親密で、校内には家庭的な雰囲気が漂う。

校舎はかつてある工場に付属した機械工の訓練施設だった建物を利用しており、それを上手に生かしている。フレネ教育という、手作業を重視する活動主義の教育にはもってこいの条件であった。かつてフランスのフレネ（Célestin Freinet 一八九六〜一九六六）が印刷機を入手して始めた労働教育は、ここフィンランドで、パソコンを使って絵と文字を取り込んで編集し印刷するという現代のフレネ学校に変身を遂げていた。子どもたちは木工をしたり、本の出版をしたりするなど、たくさんの労働（手作業）をしている。

また、地域社会とのつながりも強く、親が出向いてきて物作り作業の指導をしたりする。子どもたちは遠足と称して地域に出かけていって、自ら体験してくる。近くのマラウィ湖の環境保全運動にも参加している。このあたりも、フレネ学校らしい活動である。

校長のパイビ・リストライネン-フスは、フレネ学校の特徴として、次の三点を挙げていた。第一に、共に実践する、一緒に生活することである。第二に、なすことで学ぶ（learning by doing）こと、第三に地域指向という公開、開放の原則で、外の世界と結びつくことだという。彼女は、自分たちのフレネ教育はフィンランドの国家カリキュラム大綱とも自治体基準（ヘルシンキ市カリキュラム）ともぴったり当てはまると言っている。そうなると現在のフィンランドの教育は、一九二〇年代に展開された国際

表4-7　ストロンベリ小学校のカリキュラム
（中学校部分は予想として書き込んである）

科　目	学					年				合計	国家カリキュラム大綱との比較
	1	2	3	4	5	6	7	8	9		
フィンランド語	7	7	6	5	4	5		9		43	3～5学年で +1
外国語 A1 言語			2	2	2	2		8		16	
自由選択 A2 言語				2	2	2		6		12	
外国語 B 言語								6		6	
数学	3	3	4	4	4	4		10		32	
自然環境	2	2	3	3						32	+1
生物・地理					2	1		7			
物理・化学					1	1		7			
健康教育								3			
宗教 / 倫理	1	1	1	1	2	2		3		11	
歴史・社会					1	2		7		10	
音楽	1	1	1	1	2	2		1		56	
美術	2	2	2	2	2	3		2			
手工	1	1	2	2	2	2		3			
体育	2	2	2	2	2	2		6			
家庭科								3		3	
職業ガイダンス								2		2	
最少授業時間数	19	19	23	23	24	26	30	30	30	224	+2
（国家カリキュラム大綱との比較）						+2					

＊ストロンベリ小学校の教科課程表は国家カリキュラム大綱とほぼ同じ。

新教育の系譜に位置することになる。彼女の解釈では、フレネ教育は低学年から生徒の活動を重視しており、現在のフィンランドの教育をより徹底しているのだという。

この学校の特徴は、カリキュラム表（表4-7）を見てもつかめない。科目名も標準であり、時間数は国家カリキュラム大綱にほぼ沿っているからである。むしろ、授業の中身に特徴があるということになる。授業は、グループに分かれて自ら課題をこなすという形で進んでいく。生徒たちは教師と相談のうえで、週の目標を決める。

子どもたちは自分で情報を集めてノートに書き取り、学校にやってくる。教科書で教えるような授業はほとんどなくて、このノートが教材となる。そして、子どもたちが自ら図書館やインターネットを利用して情報を集め、教師からアドバイスを受け、他の生徒と協同し、時にはソファで休憩しながら、授業が進んでいく。知識は自分たちが作っていくものだという、「社会構成主義」の原則が生かされている。クラスの雰囲気は活発で、教師が生徒を引きまわしする必要はまったくない。授業は九〇分の、いわゆるモジュール方式となっていて、特定のテーマを追求しやすくなっている。長時間の授業のため、生徒は休息するなど、自分で学習のリズムを作りながら学んでいくことになる。教師は子どもたちの学習進度を見ながら、それぞれのグループに適切な課題を与えていく。

教師には小学校担任の免許と中等教育の科目の免許との両方を持った者を集め、それぞれの得意な分野で活動的教育を行っている。自治体で決められた数の教師で少人数の授業時間を作りだすため、この学校独自の工夫がなされている。たとえば学年を超えてまとめられる授業を作り、そこで浮いた教師を少人数の活動的教育に当てる方法である。一〜三年生までを集めて合唱指導をする場合、二人の教師でこなせば一人の教師が浮いてくる。これを四〜六年に投入すれば、少人数の活動的教育が実現するのだという。われわれが参観していたときも、三〇人くらいの生徒が、二、三年生合同で図工の授業をしていた。そのかわり、工作室をのぞくと、八人の生徒が紙細工をしており、銀紙をボール紙に貼り付けてクリスマスの飾りを作っていた。

子どもたちは、学校生活を維持する仕事もこなしていく。校長の言う第一の原則で、これも学習と考えられている。グループに分かれて、学校菜園、図書館、使用済み用紙集め、リサイクル、生ゴミのコンポスト化、学校の敷地や水族館の世話、給食の手伝いなどを、掃除人、料理人、用務員、学校事務員の協力を得てこなしていく。これは、学級担任の指導範囲ではない。むしろ、仕事の内容は違うけれども、学校にいる人々はそれぞれ意味があり、共に学校を作っていることを知ることが重要だというのが校長の説明である。水族館をのぞいてみると、なんのことはない、熱帯魚と亀がいるくらいだ。犬などの動物を飼うことは、アレルギー反応を示す子どもがいて、好ましくないと判断されているそうだ。

このほか、文字識別が困難という特別なニーズのある生徒には、「取り出し授業」をしている。自閉症、アスペルガー症候群とかＡＤＨＤの子どもたちは、ここでは統合学級に入っている。ヘルシンキ市では、特別支援教師はまず一校に一名の加配があり、さらに特別なニーズのある生徒二名に対して特別支援教師が週九・五時間分の加配となる。

この学校には、重い障害のある子どもたちの特別学級がある。他の校区の子どもも含めて、五人の子どもたちで特別学級（定員六名）が作られている。養護教師一名、特別学級補助員四名、五人の子どもに五人の教師という体制で、教師は二時間ごとに応対する相手を変えている。たとえば言語をまったく使えない子どもには、ピクトグラム（pictogram）という絵カードで意志の交流をしている。この五人は、共通カリキュラムと異なる授業計画を決めた個人用の教科課程表、いわゆる「個人シラバス」を持っており、行事の時以外は統合学級の子どもたちと交流することはない。また、支援も危険が伴うので他の生徒が援助することもない。そのかわり、同じ建物で過ごしていて、たとえば歩行器を使ってトイレに行くという場面を他の子どもたちは見ている。教師たちは、一つでも統合の場面が作れないか機会をうかがっている。

全校生徒は定員二五〇名のところ、現在は二〇〇名である。そのうち、移民の子どもたちは二三名。学力に関しては取り立てて問題はなく、その子たちだけの特別な準備学級を作ってはいない。

校長の示すフレネ学校第一の原則は、民主主義を子どもたちに実践させるヘルシンキ市の取り組みともつながっている。たとえば、ある公園に遊具がほしいと子どもたちが考えつくと、クラスで決め、生徒会に持ち込んで提案として作り直し、毎年五月には市議会の議場を借りて市内生徒会大会があり、各校の提案を審議する。そこで決まれば実現する。子どもたちは大人と同じ社会のプロセスを踏むことで、民主主義の仕組みを学んでいくのだ。これが子ども参加ということなのだと、校長は説明していた。

授業は、早くて正午、遅くて午後二時あたりに終了してしまう。子どもを家庭に帰して一人で過ごさせるわけにもいかず、市が学校近くに「児童センター」を作っている。屋外で運動ができるだけでなく、屋内施設もあり、室内運動と宿題をする勉強部屋もある。また、五人の指導員がいて、午後のおやつも出てくるが、利用は無料である。一、二年生の子どもたちは、ここで午後四時すぎまで過ごし、親の迎えを待って帰宅する。三～六年生になると、いったん家に帰り、そこからクラブ活動などに出かける。

今、この地区では、子どもたちのアフタヌーン・アクティビティの組織化に乗り出そうとしている。だが、クラブ活動を学校の施設を使うか、児童センターを使うか、教会の施設を使うか、まだ決まっていないという。アクティヴィティの展開はフィンランド全体で進んでおり、国家教育委員会がアクティヴィティの指導書を編集している。

子どもたちに問題が起きると、対策グループ（care group）が構成される。メンバーは、校長、特別支援教師、学校心理士、養護教師、地域の民生委員（curator）の五人である。この対策グループが担任と協力し、校外の専門家、医師などの援助も得て対応にあたる。

スウェーデン語クラスを併設する学校――ヴェサラ小学校

一二月九日、第三回のＰＩＳＡセミナーで筆者に用意されていた訪問校は、ヘルシンキ市東部のヴェサラ（Vesala）小学校であった。この地区は、移民が多く住む人口増加地域である。他の地区に比べて、失業率も高い。また片親家庭も少なからずあって、学校は対応に気を遣っている。

生徒数は五七〇人、うち一四〇人が移民の子どもである。移民の出身民族は二五あり、多い順にロシア三〇、ソマリア二九、エストニア一二、ベトナム一〇となっている。父が韓国人で母が日本人という家庭の子どもが二人（リョンファさん六年生とその妹）、日本人同士の家庭の子どもが一名（誉林《えいりん》さん五年生）いた。生徒数の多い四民族は、この学校で、週に二時間の母語教育が受けられる。残りの二一民族は、どこか市内のほかの学校に出かけて母語教育を受けられる。そうするかどうかは、本人の自由だ。それにしても、一〇人やそこらに一人の教師をつけて母語教育をする努力は、日本の現状に比べればはるかに優れている。

移民の子どもたちを中心にしてフィンランド語と数学については、補習の体制が組まれている。

この学校の教師は、四〇人。そのほかに、養護教師、料理人、掃除人、用務員がいて、学校心理士は週三日、ソーシャル・ワーカーが週二日の非常勤である。

この学校には、全盲の生徒一名と言葉の困難な生徒一名がいて、対個人の養護教師もしくは特別支援教師（personal assistant）がついている。また、ＡＤＨＤや神経症など学習障害とみなせる生徒が八名いるが、そこにはクラス加配の特別支援教師（teacher assistant）が一名いた。

そのほかにも、フィンランド語の補習などを行う特別なニーズのある生徒がいる。特別なニーズのある生徒に対しては、早期介入が原則である。とくに低学年では、週八時間を特別支援教育にあてており、人数を変えながら少人数クラスを作り出し、さらにそこに特別支援教師を投入して対応しているのだという。たとえば二年生のフィンランド語の授業では、三二人の生徒を、特別なニーズのある特別学級九人と統合学級二三人という二クラスに分けて授業をしていた。そのうえ前者九人には、さらに特別支援教師をつけて二人の教師で教える体制にしていた。統合が原則だが、必要に応じてクラスも少人数にし

（上） 2年生のフィンランド語の授業。特別なニーズのある9人の生徒のクラス。（左） 二人の先生がじっくり教えていく。

（上） 廊下には文庫コーナー。好きなスタイルでいつでも読書できる。
（左） クリスマス会の準備で集まった子どもたち。

て支援教師もつけるのだという。その采配が校長の役目になっている。数の上ではアンバランスだが、教育条件を実質的に平等にするためだという。参観した日には八名の生徒だったが、そのうち五人はアフリカ系の移民の子どもたちと思われた。筆者たちを案内してくれたリョンファさんは、五歳でフィンランドにやって来て、一時的にフィンランド語の特別支援教育を受けたが、今は受けていない。誉林さん（五年生）は、今もフィンランド語の特別支援教育を受けているそうだ。

この地域では、自治体の予算が余ると教育費にまわす原則になっているそうで、その資金で教師の数を増やしているのだという。

読書と学力の関係

読書が学力と強く関連することは、多くの研究者から指摘されてきた。では家庭にどのくらいの本があるのか、親や家族が読書に親しんでいることは子どもの学力の指標になるのだろうか。表4−8は、「国際数学・理科教育動向調査」（ＴＩＭＳＳ２００３）のデータである。フィンランドは参加していないが、理数系のテストでも、確かに家庭の蔵書数と学力とは相関がある。単純に本を何冊持てば何点取れるという関係ではないが、家庭の蔵書数はその他の教育条件と密接に絡み合っているということだろう。蔵書数は、たとえば子どもに対する動機づけ、知的なものに対する尊敬、子どもの勉学内容についての親の支援・関与など、さまざま教育条件と関連している一つの指標だと思われる。

ＰＩＳＡ２０００の調査によると、「趣味としての読書をしない」と答えた生徒は、日本が最も高く

表4-8　家庭の蔵書数と数学・理科の得点と生徒比率
(TIMSS2003、8年生)

	0～10冊			11～25冊			26～100冊			101～200冊			201冊～		
	数学	理科	%	数学	理科	%	数学	理科	%	数学	理科	%	数学	理科	%
日本	533	517	13	553	539	22	571	552	32	587	567	17	604	584	17
韓国	534	514	15	555	533	10	586	556	33	608	572	22	636	596	19
ノルウェー	408	441	7	425	463	11	460	493	33	477	504	22	481	515	27
スウェーデン	447	472	6	460	481	14	485	511	27	513	537	21	531	558	32
アメリカ	449	469	13	473	493	18	506	527	28	528	552	18	541	569	24
イギリス	446	487	13	480	520	17	494	541	27	518	564	18	539	588	24

＊国立教育政策研究所編『TIMSS2003 算数・数学教育の国際比較』ぎょうせい、2005年、96ページおよび、同『TIMSS 理科教育の国際比較』ぎょうせい、2005年、95ページより作成。
＊全般的に家庭に本が多いと学力も高いといえる。しかし、何冊で何点というわけではない。

五五%、以下ドイツ四二%、アメリカ四一%と続く。OECD平均は三二%、フィンランドは最も低く二二%であった（表4―11）。ところが、「しない」と答えた生徒の読解力の得点は、日本が五一四、フィンランド四九八、アメリカ四七九、OECD平均四七四、ドイツ四五九となっている。[4] 国別に見れば、趣味としての読書時間が増加すれば読解力の点数も上昇する傾向にある。だが各国比較をすれば、読書量がそのまま読解力に結びついているとはいえない。これは読解力がどのような場面で形成されるのか、つまり読書量は、どのような他の教育条件とどう複合してくるのかを考えることこそ重要だということを意味する。

　読書に親しむことは、学力向上の遠い要因になっている。趣味で読書するかしないかは、日本ではそれほど差に反映されていないが、他の諸国ではその違いは大きく、フィンランドでは最大である。

趣味の読書で図書館を利用する

「約七七％が日に一時間の読書をする、という統計もあるほど本好きで知られるフィンランド人」[5]といわれるように、フィンランドは「図書館利用率世界一」が自慢で、一人当たり年二一冊を借りているという。日本では、国民一人当たりの公共図書館貸し出しは年四・一冊である。[6]

そんなフィンランド人でも、若者の読書離れの傾向がみられ、読解力の低下が一九九五年に判明した。八年生の読解力の低下が、調査で指摘されたのである。一九九六年の大学入学資格試験では、国語の成績が低下した。そこで一九九七年は読解力の年とされ、教師組合や図書館協会はその向上に力を注いだ。

さらに、国のとった政策は図書館の充実である。たとえば、人口五六万人のヘルシンキ市には図書館が三八あるのだが、人口で同規模の千葉県船橋市には一〇、大阪府東大阪市には六、鹿児島市には一三（県立図書館を含む）であるというから、[7]その充実ぶりがうかがえる。

家庭でも、たいていは五時ともなれば家族がそろうので、夕食後はたっぷり時間をかけて親が「本の読み語り」をする。また、図書館をはじめ、いろいろな場所で本の読み語りがある。読解力世界一は、国民的な努力で勝ちとられたことが分かる。

しかし、本が大事だといっても、フィンランドにおける家庭の蔵書数はそれほど多くない（表4－9）。これは厳寒地に建つという住宅事情により、個人の住宅が狭いことにあると考えられている。そこで図書館の蔵書を増やし、誰もが利用できるようにしたというわけだ。

もう一つ、フィンランドの子どもたちは受験に関係なく「趣味で」読書し、そのために図書館を利用

表4-9　家庭の蔵書数（%）

国　名	まったくない	1～10冊	11～50冊	51～100冊	101～250冊	251～500冊	501～冊
日本	1.9	10.1	22.9	20.4	20.8	11.9	7.8
韓国	1.1	7.1	18.0	22.6	27.7	15.9	7.5
フィンランド	0.6	6.6	23.0	24.1	24.1	13.9	6.4
カナダ	0.9	5.6	17.7	20.1	23.9	18.6	12.5
OECD平均	1.6	8.0	19.1	20.7	21.0	15.3	11.6

表4-10　図書館の利用頻度（趣味としての読書のために本を借りる）（%）

国名	まったくか、ほとんどない	年に2～3回	月に1回くらい	月に数回	その他
日本	52.2	25.6	11.0	7.5	3.8
韓国	49.3	23.9	11.1	15.5	0.2
フィンランド	20.3	35.5	27.3	15.7	1.2
カナダ	37.1	36.0	18.0	8.4	0.6
OECD平均	41.0	32.2	15.9	8.6	2.4

表4-11　趣味としての読書時間（毎日、趣味としての読書をどのくらい）（%）

国名	趣味で読書することはない	30分未満	30分～1時間未満	1時間～2時間未満	2時間以上
日本	55.0	17.8	15.4	8.2	3.5
韓国	30.6	29.6	21.9	12.0	6.0
フィンランド	22.4	29.1	26.3	18.2	4.1
カナダ	32.7	33.7	20.4	9.6	3.6
OECD平均	31.7	30.9	22.2	11.1	4.2

表4-9、10、11とも、

＊国立教育政策研究所編『生きるための知識と技能』ぎょうせい、2002年、82、91、92ページより作成。

＊フィンランドでは家庭の蔵書はあまり多くない（表4-9）が、子どもたちは図書館をよく使っている（表4-10）。フィンランドの子どもたちは趣味で読書する数が多い（表4-11）が、日本では読書をしない若者（高校1年生）が半数以上いる。

している。もちろん、そうでないフィンランドの子どもたちもいるのだが、その割合が日本よりずっと小さいのである（表4－10）。

フィンランドは、読書に関する責任を家庭だけに押しつけず、社会が支えているのである。日本では他の先進諸国に比べて、家庭に本はあまり多くない。しかも「趣味で」読書することのない子どもが、先進諸国の中でもずば抜けて多いのである（表4－11）。

フィンランドと日本では、学力の土台の広がりでこんなに差があるのである。

「ルク・スオミ」運動

「ルク・スオミ（Luku-Suomi：Reading Finland）」は、国家教育委員会が二〇〇一年から二〇〇四年にかけて展開した母語教育促進運動である。基礎学校と、高等学校の生徒を対象として、母語の技能と文学の知識を向上させる運動であった。

一九九四年のカリキュラム改革時点で母語の授業時間が二五％削減され、しかも本を丸ごと読むのではなく、短い文章、詩、短編、小説の抜粋などを読むことになった。削減された母語の時間は外国語などに振り向けられ、これは市場経済という世の流れであると説明された(8)。読解力の低下を危ぶむ声はかなり前から出ていた。フィンランド側の分析では、

「フィンランドの生徒たちは、他の北欧諸国の生徒よりもきわめて多様な資料を読んでいる。新聞、雑誌、コミック、Eメール、インターネットのページを、OECDの平均よりもずっと多く読んで

いる。逆にフィクションやノン・フィクションの分野は、ＯＥＣＤの平均よりも少ない」(9)という。フィンランドは、読解の対象を伝統的な文学からきわめて広い情報媒体へと広げたのである。それがＰＩＳＡのテストにうまく合致したということになるが、これは一九九四年のカリキュラム改革が時代の先を読んで、さまざまな分野で読解力を高めようとしたことの成果であるともいえる。

「ルク・スオミ」運動を推進したのは、母語教師とクラス担任であった。さらに、学校と図書館を連結し、図書館司書が両方を舞台に指導を展開した。一〇〇以上の自治体が、「ルク・スオミ」に参加した。(10)

国家教育委員会は、「現代社会では、さまざまな種類のテキストを読むことが必要になっています」と「ルク・スオミ」運動の意義を説いている。この立場は、多様な情報形態を意識したＰＩＳＡの読解力の把握と同じである。ところが、フィンランドの基礎学校の生徒のうち、一八％が読解力不足であり、一九九〇年代を通じて読書の喜びが減少してきたので、この運動を始めたのだと表明されている。

そこで、運動は以下の点を重点的に展開されることになった。

①読書力の弱いと見なされる下位二〇％の生徒の読解力を改善すること、
②男子を引きつける方法を改善すること、
③考え、評価する技能を改善すること、
④余暇の時間や学校における読み書き能力を改善すること、
⑤学校図書館を発展させること、
⑥学校と公共図書館の協力関係を改善すること、

⑦教師全員で生徒の読解力を発達させること、
⑧教師の持っている文学とフィンランド語の教授法を改善すること、
⑨児童文学を教師に紹介すること、
⑩読み書きに関して家庭と協同するように学校を活動させること、
⑪移民を背景とする子どもに、自己の言語とフィンランド語を教える教授法を発展させること、
である。②の意味するところは、男子生徒は読書量が少ないということであろう。

たとえば、エスポー市では二〇〇〇年より、学校図書館向けに相談員教師（consulting teacher）を新たに置き、ルク・スオミに関連する計画に関して学校図書館司書の支援を行うなど、さまざまな活動を展開している。(11)

文字文化普及の動き

各地の図書館は一九九〇年代初期から、「本のヒント（book hints）」という情報を子どもたちや地域住民に対し提供し、教師の研修も開催してきた。新刊本の紹介や人気の高い本のリストを作成し、書評を広めているのである。これをもとにしてファンクラブのような愛好家グループが結成され、作家に会いに行くなどの活動も展開している。「本のヒント」は、現在はインターネットでも公開されている。

さて、研修を受けた図書館員は国語の授業で「本のヒント」という特別授業をする。また小学校では、教師が毎月、図書館に子どもたちを連れて行き、本を借りる手助けをする。しかも、本を読むだけでな

く、本について自分の考えを持つように指導されている。それは、フィンランド語の「読解（luku）」には、読む力とともに意見表明の力も期待されているからである。ここが、フィンランドの読解力の強みとなっているようだ。

フィンランド新聞協会は、読書への関心を高めるため、「教育の中の新聞（Newspapers in education）」運動を展開した。これはＮＩＥとして日本でも知られているが、新聞を使って活字文化を維持しようというものである。ジャーナリストが学校に招かれて教育活動に加わったり、生徒たちが新聞社を見学したり、また生徒新聞の発行までこぎつける地域もあった。

インターネットを利用して、オンライン・マガジンを発行したり、文学論を戦わせたりする「ネット図書館（Netlibris）」もユニークだ。「ブック・トーク」がインターネットに載るのである。生徒、教師、図書館司書、大学教師など、幅広い分野がこれに参加している。

たいてい、三、四の学校から一〇～一五人の生徒が集まり、そこにチューターがついて一グループを結成する。これはいわば読書サークルである。ふだんはインターネットを使って交流するが、年に四～八回程度会合も持っている。また、作家に会いに行って文学作品についてさらに詳しい見解を聞き出すとか、感想を述べる等の活動もしている。この結果がまた、「作家訪問」としてインターネットに掲載される。二〇〇〇／二〇〇一年度では、一〇〇人の教師と二〇〇〇人の生徒が加わっていたが、二〇〇三年時点では、さらに倍増しているようである。

（上）新聞社で行われた読み語り。買物の途中にちょっと一休みという感覚で親子が立ち寄る（2005年３月、渡辺あやさん撮影）
（下）ウサギの格好をして話している。子どもたちを、お話の中にひきこむのもうまい。

図書館の風景

タンペレ市立図書館には、ムーミン谷博物館がある。名前につられていって見た。

司書に取材をすると、近くの小学校には、週に二回、司書が本の読み語りに出かけているという。週に一回は、学校から先生が生徒を連れてやってくる、とのことだった。

館内にはCD付きの本もたくさんあり、たとえば、国民的叙事詩『カレワラ』のようなかなり高度で長い本の読み語りも味わえる。

子どもたちは、学校を終えてクラブに行く途中に本を返却に来て、また借りていく。家で読むことが多いようだ。

フィンランド中央駅の真横に郵便局がある。ここには郵便博物館だけでなく、二〇〇五年の四月一日に若者向けの図書館「Library 10」がオープンしていた。図書館の案内にも、「新しいスタイルの図書館サービス」と書いてある。入り口から図書館のカウンターまでが新聞や雑誌を読むたまり場になっており、中は音楽CDとパソコンに特化してある。活字離れの若者を引きつけているのか、あるいは新しいタイプの図書館＝メディア館なのか。スタジオ・ルームではオーディオやビデオの編集もでき、ステージではコンサートやパフォーマンスもできるという。とにかく立地条件がよく、若者がそれぞれのスタイルで利用していた。

開館時間も、月曜から木曜までは一〇時から二二時、金曜は一〇時から一八時、土・日は一二時から一八時と利用者本位になっている。

（上）ここがタンペレ市立図書館の入口。

（上）サークル活動に出かける前に、読み終わった本の返却をする子どもたち。
（左）小さな子でも自分で本を選んでいる。

（右上）あちこちにお薦め本コーナーがある。（右下）児童書コーナーにはキャラクター展示。（上）移動図書館バス。とにかく大きい超ロングバス。

（上左）駅近くの図書館の入口はビルの一室という感じのLibrary10。（上右）入るとすぐにパソコンコーナー。インターネットが自由に利用できる。

（上）持ち込みのパソコンコーナーでは仕事をする人も。（右上）CDを探す若者たち。（右下）プロジェクターがあり、映像も大写しできる。

（左）パソコンコーナーには、移民の青年が多かった。

フィンランド語とスウェーデン語

フィンランドにおいては、フィンランド語とスウェーデン語は、前出の「国家カリキュラム大綱」の中でも「国語（kotimainen kieli : national language）」と明記され、国民にもそう呼ばれている、特別な言語である。さまざまな公式文書では、「フィンランドの公用語は、フィンランド語とスウェーデン語であり、どちらも平等である」とも説明される。二〇〇二年時点で、フィンランド語使用者が国民全体の九二・一％、スウェーデン語使用者が五・六％と、この二つだけでほぼ全体をカバーすることになる。人口比では圧倒的な差があるが、歴史的ないきさつがあり、この二つの言語グループは同等の権限を持っている。

フィンランド語とスウェーデン語では、教育制度が十分に整えられているのだが、二つの学校系列は別々の教育委員会が担当している。たとえ同一校内にスウェーデン語で教えるクラスが設置されていても、フィンランド語で教える学校の管轄外となる。それほど文化的自治は徹底する。

かつては子どもたちは、この二つの言語のうち、一方は必修の外国語として学ばなければならなかった。ところが二〇〇四年のカリキュラム大綱からは、スウェーデン語は外国語の一つという扱いになって、フィンランド語の使用者が必ずしも第二言語として学習しなければならないというものではなくなった。実際には、フィンランド語を母語とする者は、小学校から英語、中学でスウェーデン語を学ぶ例が多くなっている。そこで、スウェーデン語を母語とする国民からは、平等が崩れたという批判があるが、大きな反対運動は起こっていない。スウェーデン語は、北欧五か国が会話する時の基盤になる言語であり、たいていのフィンランド人が使用もしくは理解できるよう育っていくので、それほど社会的に支障がないということのようだ。

だが、この二つの「国語」に加えて、憲法では少数者言語としてラップランドの遊牧民のサーミ語、ロマ語、手話の三言語が認められている。そして二〇〇四年の「国家カリキュラム大綱」では、これらの五言語が「母語（äidinkieli : mother tongue）」として指定されている。手話を認めるあたり、ずいぶんと先進的なものである。法的には、地方自治体では可能な限り、この母語を用いて教育することが目標となっている。少数者言語による教育は、フィンランドではまだ始まったばかりだが、ヨーロッパの少数言語・地域言語政策を基礎にしながら独特の政策を展開している。

なかでもサーミ語使用者は、一七〇〇人（〇・〇三％）にすぎない。それでも先住民の一つと見なされ、「サーミ議会法」（一九九六年一月施行）によって、独自の言語と文化を保護することになった。今では、実際にサーミ語による授業は始まっているようである。(12)

そのうえ教育界ではその他の母語として、国内少数者と移民（二・二％）の言葉もカリキュラム上の母語とみなされ、学習の機会を与えるべきものとして扱われている。移民の場合には、週最低二時間、母語が学校予算ではない自治体費用で教えられている。その自治体が実施していない言語については、実施している自治体の学校に出かけていく。そんなわけで、少数者の母語教育は遠方からでも通えるように、午後五時からというような遅い時間が選ばれているようだ。

これらの関係については、「基礎教育法」では、

「生徒は、自己の授業用言語（opetuskieli : language of instruction）になるように、母語（mother tongue）として、フィンランド語、スウェーデン語またはサーミ語を学習できる」（一二条一項）

「生徒は、自己の先住言語[13]（native language）になるように、母語として、ロマ語、手話またはその他の言語もまた学習できる」（一二条二項）

と明記されている。

ただし、このような改革はまだ緒に就いたばかりである。サーミ語で教科を教える教師の養成が必要だとして、教育省の作業班が設置されたのは一九九八年一〇月のことである。そして、この作業班の提案に基づいて教育学部に講座が開かれ、最初の学生が入学したのは一九九九年夏のことである。同様に、ロマ語で教科を教える、あるいは移民の子どもに教科を教えるために特別なコースがそれぞれ三五単位で開始されることになった[14]。この成果はこれからである。

言語学習についていえば、もう一つのカテゴリーが「外国語（vieraat kielet : foreign languages）」である。外国語教育はフィンランドでは重視され、基礎学校では母語を含めて四言語を学習することになる。さらに、移民の場合は五言語になることもある。

マイノリティの問題

「フィンランドでは移民の比率が大変低くて、人口の一％を超えたばかりだ[15]」と、ＯＥＣＤ出版物で紹介されたのが、二〇〇一年のことである。だが事態は急転し、二〇〇四／〇五年度の統計では、学齢期の子どもたちでいえば、人口の二・二％となっている。それも、ヘルシンキ市では二・六％、新興産業都市エスポー市では五〜六％にも上る。ＯＥＣＤ宛の公式文書には、次のように書かれている。

「わが国の基礎教育は異なる社会的、民族的な背景を持った生徒も含み、成績の共通レベルまで教えるように計画されている。教師養成では、このことが達成できるように理解と実践的技能を教師に準備させることが目的とされる。しかし、多様性を育てるという点からすると、さらなる困難を抱え込むことになる。どのように対処したらよいのか、他国のアイデアを調べている(16)」

スウェーデンのように、移民人口が一三・六％も占める国と違い、フィンランドのマイノリティ対策はまだ手探り状態である。それでも日本に比べれば、ずいぶん手厚い。

少数者は、すべての社会生活で、基本的には「平等法」（二〇〇四年）で守られている。移民は平等に扱われ、機能的な（実行力のある）バイリンガルと多文化を習得できるよう保障される。母語と、公用語としてのフィンランド語またはスウェーデン語とのバイリンガルに育てられるというのが法律上の建前である。フィンランドでは、授業言語として、フィンランド語、スウェーデン語、その他の外国語が使用されていると公的には報告されている。

だが実際には、母語ですべての教育を保障することは難しい。禁止や制限はされないが、各言語が平等に保障されているわけではないということだ。そうなると移民など少数者たちは、自分の民族語を保持しながら、母語をフィンランド語（地域によってはスウェーデン語）に取り替えていくことになる。

フィンランド語もしくはスウェーデン語を母語としない者には、現在、週二時間の母語学習が実施されている。さらに週二時間以上のフィンランド語学習（第二言語としてのフィンランド語学習）、可能な限りの特別支援教育、イスラムまたはギリシャ正教の学習または倫理の学習を受けられる。(17)

公的な報告では、義務教育年齢でフィンランドに入国した移民の子どもたちは、総合制学校に慣れるために、六か月の「準備教育（preparatory instruction）」を受けるとされる。同じ文化的背景の子どもを集めて小グループを形成し、そこで子どもが自己の母語と文化的アイデンティティを発展させる。さらにフィンランド文化に馴染むよう、二つの文化、二つの言語で教育される。このように、両方の言語が使えるという意味で「機能的バイリンガル（functional bilingualism）」ということばが使われるが、今ではこれがフィンランドのマイノリティ教育の基本理念となっている。ヘルシンキ市ではこの「準備学級」が、小学校で三一民族（フィンランドでは「グループ」と呼んでいる）に、中学校で二三民族に、高校で八民族に用意されている。(18)

次頁にある写真のエスポー市キルッコヤルヴェン（Kirkkojärven）小学校は、移民の子どもたちが三割にもなる。準備学級が編成され、充実した移民対策が実施されている学校である。

日本流にいえば国語だが、フィンランドでは、母語として教えるフィンランド語と、第二言語として教えるフィンランド語は区別され、それぞれ教師免許が異なっている。これは、英語の免許とESL（第二言語としての英語）の免許が異なるのと同じ制度である。スウェーデン系のフィンランド人の場合は、第二の免許の対象となる。しかし移民の場合は、母語であった民族語の社会的な使用がきわめて限定されることは明らかであり、母語は残すものの、第一言語となるべきフィンランド語をゼロから修得しなくてはならない。たとえ日常の会話には不自由しなくなっても、授業中に使われる抽象的な言語となるとつまずきが多くなるのが普通である。そうなると、準備学級を終えても、学年が進むにつれて、特別支援教育が必要になると解釈するのである。こうして今、フィンランドでは、移民の子どもたちに教えるフィンランド語という第三の教師免許が考えられつつある。

さて、準備学級にいても、移民の生徒たちは、いくつかの芸術や実践的な教科で統合学級の仲間に合流する。どの授業をどの程度統合するかは、準備学級の教師と統合学級の教師が協同して決めていく。統合学級の授業に移っても、生徒はフィンランド文化に関する知識を含む「第二言語としてのフィンランド語（Finnish as a second language）」の授業に出席する。また統合学級に移っても、フィンランド語の特別支援授業がある。これを取り出し授業にするのか、一限や放課後の補習にするのか、学校が提供できる可能性を考慮しながら教師が判断する。つまり個々人の進度に合わせて、クラスへの加わり方が異なってくる。

これとともに、教育省ではなく自治体の管轄で、追加カリキュラムクラスで自己の母語を発達させる機会も維持される。たとえば二〇〇四年一二月の記事では、ヘルシンキ市内には二六〇〇人の移民の子どもたちがいて、約四〇言語で授業を受けていると報道されている。[19] 筆者がヘルシンキ教育庁で調べたデータ（表4-12、一九〇ページ）では、生徒数はもう少し増えている。一方、母語教育を実施している民族数は三八となっているので、ヘルシンキ市では行政が把握している民族数のほとんどに母語教育を行っているということになる。たったこれだけのと思われるほどごく少数の子どもたちも対象にして

(左) エスポー市のキルッコヤルヴェン小学校では、給食室とパソコン室が同居。

(右) 休み時間は全員が外に出される。

上級生の中には給食の後片付けを手伝っている子もいる。おこづかい程度のお駄賃がもらえる。

＊このページの写真は、松田正夫氏撮影、2005年８月。

いる点では、頭の下がる思いである。

福祉と教育のつながり

ＯＥＣＤ教育局のシュライヒャー指標分析課長は、ＰＩＳＡが示したこととして、次のようなことを指摘している。

「ＯＥＣＤ地域の生徒の社会的背景と成績の間には強い関係があるということ。これにはがっかりさせられます。というのも、私たちは理想的には、その社会的背景にかかわらず、すべての生徒に平等の機会を与えることを保障したいと考えて努力してきたわけです。しかし実際には、それはあまり成功してこなかったわけです。どのような家族の下に生まれたかが大きく問題となり、それが学校での成績に大きな影響を持っているのです[20]」

「がっかりさせられます」とは、かなりの思想性と感情がこもっている。さらに、たとえばイギリスは、「全体的な成績は非常に良いですし、平均的成績は高いです。しかし、どの家庭に生まれたかということが大きく影響しています」

と指摘し、それに比べてフィンランドは、と論が展開していく。

「フィンランドは全体的な成績が非常に良いのですが、もっと重要なことは、他の多くのＯＥＣＤ諸国に比べ、フィンランドでは社会的背景の影響がずっと小さいということです。教育制度がすべての生徒に均等の機会を与えることに成功しているわけです」

表4-12　ヘルシンキ市内の母語教育対象民族別生徒数（人）

母語	2003/2004	2004/2005	母語	2003/2004	2004/2005
ロシア	883	883	ネパール	22	22
ソマリア	633	633	セルビア	19	19
エストニア	228	228	日本	19	19
英	140	140	タイ	17	17
アラビア	113	113	ドイツ	17	17
ベトナム	103	103	ハンガリー	17	17
アルバニア	71	71	ボスニア	17	17
スペイン	67	67	ポルトガル	17	17
ポーランド	64	64	アイスランド	16	16
中国（北京）	55	55	ファルシー（イラン）	16	16
ギリシャ	48	48	ダーリ(アフガニスタン)	14	14
イタリア	46	46	リンガラ（コンゴ）	12	12
オランダ	38	−	ノルウェー	11	11
中国（広東）	38	−	アムハラ(エチオピア)	9	10
フランス	30	30	チグリニア(エチオピア)	7	7
クルド	48	29	ベンガル	7	7
ウルドゥ(パキスタン)	29	29	ラップランド	6	6
フィリピン	29	29	スウェーデン	5	5
ルーマニア	28	28	ブルガリア	5	5
トルコ	27	27	ショナ(アフリカ南東部)	4	-
			合計	2975	2877

＊ Katri Kuukka. *Multicultural Education in Helsinki City.* 2005. および Ilona Kuuka, Katri Kuuka. *Mother Tongue Teacher's Expanding Role - from Teacher to Pedagogical Supporter.* 2004. より作成。

＊母語教育を保障される移民の子どもたちは多様だ。ほんの少数の子どもたちにも週２時限分の母語教育がある。

と現状を分析しながら、だからイギリスでは、

「特権のある社会的背景に生まれればフィンランドの生徒と同じくらい成績がよいでしょう。しかし、移民家庭や片親家庭、貧困家庭など恵まれない環境に生まれれば、成績はずっと悪くなるのです」

と説明する。このことは、フランス、ドイツ、アメリカ合衆国についても同じだと、彼は分析している。

フィンランドなど北欧の福祉国家では、高負担に基づく平等な福祉が行き届いている。公的な社会政策は広範囲にわたり、教育、社会福祉、保健医療分野では貧富の差にかかわらず公的サービスが行き渡る仕組みになっている。学校教育だけでなく、生涯学習制度も普及していて、夜間や夏期に、誰でも安い費用で学べるのである。福祉が生活の保障をしてくれるので、自らの興味に応じて学ぶことにためらいはなく、企業家精神を生かして冒険もできるのだといわれている。

一九九三年には、教育をはじめとして地方分権化が進み、財源などほとんどが自治体の決定権に移り、国の指導監督権は原則として廃止された。その代わり、地方自治体の活動は手厚く、人口五二〇万人の国で自治体職員が四二万人にも上る。たとえば、全労働人口にしめる公務労働者の割合は、フィンランドが二八％（一九九七年）、日本は七％（一九九六年）である。そのうち、フィンランドでは社会福祉、保健、教育分野の職員が全体の八二％だというから、いかに社会福祉が重視され、そこに財源が投入されているかがわかる。

当然に、国民には高負担が強いられ、税金は収入の三〇〜六〇％にも上り、高度に財源が平等化され

る。税金が多い分、共働きでないと家計を維持するのは難しいというわけである。なかには減税を望み、公的部門の削減を主張する金持ちもいる。だが、同時に、

「自分が今あるのは、無料の教育を受けることができたからだ、そのおかげで高収入を得ているのだからそれを税金で返すべきだ、そして次世代の若者も自分のように無料の教育を受けて才能を伸ばす機会を与えられるべきだ」

という発言をする成功者もいるそうだ(21)。

平等な教育が行き渡ってこそ、家計にかかわらず学力の高い者が育っているのである。それは、高度経済成長期の日本が経験したことであり、今日のフィンランドがなおも経験していることである。北欧の情報産業国は、福祉政策だからこそ成立したのだと思えてくる。

フィンランドの教育の特色を述べる場合、一言で「平等な教育」というけれども、その実現には社会の理想に支えられた粘り強い努力があってのことだと理解しなくてはならない。現地に行ってみれば、社会全体がそのような平等の雰囲気を作り出していることがよく分かる。

個人の能力差は認める。しかし、子どもの成長に影響を与える社会的・経済的背景の格差は、何がなんでも埋めていく。そして、子どもたち一人ひとりを社会がしっかり受け止めていく。これがフィンランドである。

5　世界標準の学力に向けて

授業はグループ単位で進んでいく。それぞれのペースで学び、必要なときに先生の助けを求める。写真右端は、授業参観の案内役、誉林さん(右)とリョンファさん(左)。

学力という、学校が子どもたちに身につけさせるべき能力は、社会の側から問うこともできる。何を学力とするか。一言でいえば、自立して社会に生きるということになろうか。労働能力と社会性を身につけ、創造的に人生を拓《ひら》いていって充実した社会生活を送るということになろう。学校が育てるべき能力は、そのうちどこまでだろうか。

明日の市民のための学力——ＯＥＣＤの動向

ＯＥＣＤは一九六八年に教育研究革新センター（ＣＥＲＩ）を創設して、教育問題に本格的に取り組み始めた（表5-2）。一九八八年には、ＯＥＣＤ加盟国のほとんどが国際教育指標事業（ＩＮＥＳ）を開始している。教育指標全般に関するＩＮＥＳの年次報告書が『図表でみる教育——ＯＥＣＤインディケータ（*Education at a Glance*）』である。それでは、何を学校教育の成果として取り上げるか。これ

表5-1　本文でふれているヨーロッパの政治機構

欧州連合（EU: European Union）

1992年、マーストリヒト条約にてECを改組。
1993年11月1日発足。本部は、ブリュッセル。現在25か国、4億6000万人。
原加盟国、ベルギー、オランダ、ルクセンブルグ、フランス、イタリア、ドイツ（西ドイツ）。
その後の加盟国、イギリス、アイルランド、デンマーク（1973年）、ギリシャ（1981年）、スペイン、ポルトガル（1986年）、オーストリア、フィンランド、スウェーデン（1995年）、ポーランド、ハンガリー、チェコ、スロバキア、スロベニア、エストニア、ラトビア、リトアニア、キプロス（南キプロス）、マルタ（2004年）。

欧州理事会（The European Council）
ヨーロッパ・サミット（Summit、EC首脳会議）とも言う。

1974年設置。加盟国の元首・首脳と欧州委員会委員長で構成される首脳会議。各国外相と欧州委員会委員1人がその補佐にあたる。年4回開催。閣僚級代表で構成される共同体の最高意志決定機関で法案を決定する。重要事項は全会一致、それ以外は特定多数決で決定。

閣僚理事会（The Council of Ministers）
欧州共同体理事会（Council of the European Communities）
→欧州連合理事会（Council of the European Union）閣僚理事会と呼ぶ。

加盟国の閣僚で構成。議題に応じて異なる閣僚が出席する。たとえば、Education Councilなど。理事会の本部はブリュッセル。特定の会議はルクセンブルグ。各加盟国は6か月ごとに交代で理事会の議長国を務める。

欧州委員会（The European Commission）
Commission of the European Communities　EC委員会→EU委員会

各加盟国1人ずつ任命される委員で構成。委員会の任期は5年。EUの行政執行機関。閣僚理事会で決定された事項を実施、監督する。法案提出も行う。ルクセンブルグに在。担当分野は総局（Directorate-General: DG）に分かれる。スタッフは、1万5000人。

欧州議会（The European Parliament）

1979年以来、議員は直接普通選挙によって選ばれている。現在の定数は732。任期は5年。本議会は通常月1週間、ストラスブールで。一部の会議と委員会の会議、常任委員会は、欧州委員会、理事会との連絡の便宜を図るためにブリュッセルで。 事務局はルクセンブルグ在。諮問機関として出発。現在は、特定分野で理事会との共同決定権（法案決定）、EU予算の承認権、新任欧州委員の一括承認権を持つ。

欧州評議会（The Council of Europe）

1949年5月1日創設。本部は、ストラスブール。参加国は、EUより多く、46か国（2004年）。
原加盟国、ベルギー、デンマーク、フランス、アイルランド、イタリア、ルクセンブルグ、オランダ、ノルウェー、スウェーデン、イギリス。
その後の加盟国、ギリシャ、トルコ（1949）、アイスランド（1950）、ドイツ連邦共和国（1951）、オーストリア（1956）、キプロス（1961）、スイス（1963）、マルタ（1965）、ポルトガル（1976）、スペイン（1977）、リヒテンシュタイン（1978）、サンマリノ（1988）、フィンランド（1989）、ハンガリー（1990）、ポーランド（1991）、ブルガリア（1992）、エストニア、リトアニア、スロベニア、チェコ、スロバキア、ルーマニア（1993）、アンドラ（1994）、ラトビア、モルドバ、アルバニア、ウクライナ、マケドニア（1995）、ロシア、クロアチア（1996）、グルジア（1999）、アルメニア、アゼルバイジャン（2001）、ボスニア・ヘルツェゴビナ（2002）、セルビア・モンテネグロ（2003）、モナコ（2004）。
特別オブザーバーは、バチカン市国。非欧州のオブザーバーは、カナダ、イスラエル、日本、メキシコ、アメリカ。

表5-2　学力に取り組む OECD

略語	日本語名称	参　考
OECD	経済協力開発機構 Organization for Economic Co-operation and Development.	1960年12月にパリにて署名、1961年9月30日に発効。 原加盟国は、オーストリア、ベルギー、カナダ、デンマーク、フランス、ドイツ、ギリシャ、アイスランド、アイルランド、イタリア、ルクセンブルグ、オランダ、ノルウェー、ポルトガル、スペイン、スウェーデン、スイス、トルコ、イギリス、アメリカ。その後、日本（1964）、フィンランド（1969）、オーストラリア（1971）、ニュージーランド（1973）、メキシコ（1994）、チェコ（1995）、ハンガリー、ポーランド、韓国（1996）、スロバキア（2000）が加盟。
CERI	教育研究革新センター Centre for Educational Research and Innovation.	1986年6月、OECD理事会によって創設。現在および将来の教育問題や学習問題を調査、分析、研究する。 INESは、このセンターの活動の一部である。
INES	国際教育指標事業 International Indicators of Education Systems.	経済のグローバル化に対応して、各国の教育を共通の枠組みに基づいて比較する指標を開発する。1988年より活動しており、PISAはこの事業の一環である。
Eurydice	ヨーロッパ教育情報ネットワーク	1980年創設。EU欧州委員会の主導で、各国の教育制度や教育実践の交流のために設置された。1995年よりソクラテス計画の一環をなす。本部的な役割をなすのがヨーロッパ・ユニット（Eurydice European Unit）、ブリュッセル在。また、各国の教育省の下には、国ユニット（National Unit）がある。加盟国は、EU加盟国、ヨーロッパ自由貿易協定加盟国など30か国（2003年）。

が、次の課題になってきた。

ヨーロッパにおける大きな流れの中で、OECDの教育研究革新センター（CERI）は一九九五年あたりになると、教育目標とは「明日の市民」を作ることだと解釈するようになった。この立場から、伝統的カリキュラムにおける高得点は他の重要な面、すなわち生徒の間における創造性、批判的思考、自己信頼（self-confidence）といったものを犠牲にして達成されているのではないかという批判が高まってきた。そこで結局、CERIはTIMSSのような数学、理科、あるいは他によくある読解の達成といった指標、ましてや旧来の読・書・算という「基礎的学力」では、現代の学校教育の成果を把握するには不十分であると判断するに至った。「self-confidence」はしばしば「自信」と訳されるが、自尊心とか自己肯定イメージにつながるもので、得手・不得手を総合して自分の存在を意味あるものとして認めることである。言い換えれば、ここには東アジア型の禁欲的な詰め込み教育が子どもや青年の自信をなくさせ、伸びていく大事な資質を損なってしまい、かえって害になるという判断がみられる。

そこでOECDは、教科の知識の習得よりも、社会に出て使える力を測定することに決めたのである。この実践的な能力は、コンピテンシー（competency, competencies だが competence, competences という使い方もあり、判然としない）と呼ばれる。この方向で国際的な「生徒の学習到達度調査」が考案され、PISAと呼ばれることになった。そしてPISA調査の原型は一九九七年六月、フィンランドで行われたINES総会で決定されている。フィンランドとPISAとの結びつきは、偶然ではない。

さらにコンピテンシーの領域として、OECDのCERIは、新しい教育指標に「教科横断的能力」

（クロス・カリキュラム・コンピテンシー　cross-curricular competencies）をあてることにした。

ＰＩＳＡの目的は、各国の教育政策策定に貢献することであった。基礎的な学習対象をＰＩＳＡが提示することで、諸国が自国の教育進歩をモニターできる論理を提供しようとしている。いわば政策決定に判断データを提供するところから始まった。だから、各国の政府はこの結果に敏感なのである。

ＰＩＳＡはテストで測りうる生徒の能力を、多様な教科領域の中で諸問題を取り上げ、解決し、解釈する場合に、問題を効果的に分析し、推論し、コミュニケーションするという能力だとして、これを読解力（読解リテラシー）、数学的リテラシー、科学的リテラシー、問題解決力から成る「リテラシー」という概念で呼ぶことにしたのである。問題解決の後に問題解釈があったり、また、問題分析、解決の論理づけの後にコミュニケーションが入っているように、自己の行動を評価・吟味し、それを自己表現するところまで育て、評価すべき思考プロセスの中に入れている。ＰＩＳＡは本格的に思考力を測定しようとする世界的な試みとして、特筆すべきテストである。

またＰＩＳＡはコンピテンシーを幅広く、社会的かつ動的にとらえ、カリキュラム上形成されたコンピテンシーや、教科横断的なコンピテンシーのほかに、自己の学習動機づけ、自己信頼、学習戦略など、総合的な実践力を扱っている。このような総合的学習力は、社会に出てからも学び続けるという生涯学習の発想と一致している。

リテラシーの具体的な測定方法は、評価の枠組み（*Measuring Student Knowledge and Skills : A New Framework for Assessment*）として一九九九年に公刊されるに至った。ここで、評価の観点と設問の具体例が世界に向かって公開されたのである。

このようないきさつを見ると、ＰＩＳＡという国際学力調査は学力観の転換を意味していたといえるだろう。学力の規定が、教科の知識から、誰もが社会生活で使う実際的な能力へと変わったのである。

コンピテンシーの登場――ＤｅＳｅＣｏ計画

二〇〇五年六月の第一〇回ＯＥＣＤ／Ｊａｐａｎセミナー公開フォーラムで、ＯＥＣＤ教育局のシュライヒャー指標分析課長は、「ＯＥＣＤはそれまで学んだ知識や技能ではなく、これから何ができるかという能力を測ることに決めた」と発言した。測定対象を、習得した知識・技能から、コンピテンシー（実際的な能力）という応用力ないし学習力へと重点を移したわけである。

筆者はシュライヒャー氏に、なぜそう決めたのかを質問してみた。すると、参照にせよと彼が指摘してきたのは、ＤｅＳｅＣｏ計画の最終文書であった。

欧州評議会（Council of Europe）においても、すでに一九九七年二月から、「民主的市民性のための教育（EDC：Education for Democratic Citizenship）」計画が発足しており、「参加する市民（participating citizens）」となれるような価値と技能を身につけさせる教育がめざされている。ＥＤＣが想定する知識、技能、態度、価値は、「コア・コンピテンシー（core competencies）」と表現されている。さらにこの年、一九九七年一〇月のＥＵヨーロッパ・サミット（欧州理事会）において「市民の権利と責任に基づいた民主的市民性のための教育を発展させること、ならびに市民社会における若者の参加を発展させること」が指摘され、「民主的市民性のための教育」に取り組むことが行動計画に取り入れられた。

このようにして一九九七年一二月、コンピテンシーの中身について、各国および各界の合意を得るために、OECDが後援し、スイス連邦統計局の主導下で、PISAとリンクして「コンピテンシー定義・選択（Definition and Selection of Competencies：DeSeCo）計画」が開始された。この組織は、二〇〇二年に作業を完了して、最終報告書を二〇〇三年に刊行している。

DeSeCo計画の出発点は、先述したように旧来の学力観では重要な資質を見落としてしまうということにある。すなわち、カリキュラム基盤コンピテンシーや教科関連コンピテンシーは、人間の発達や社会の発展、あるいは政治的な統治や経済的な統治にとって重要な教育成果を全部カバーするものではなく、むしろ、実践的思考の領域のほうが現代の経済や社会において「うまくいく(1)（success）」のに決定的に重要だと考えたのである。読・書・算でないとすると、ではどのようなコンピテンシーが、個人が「うまくいき責任ある生活（successful and responsible life）」にたどりつく、あるいは社会が現在と未来の諸課題に直面するために実際に重要なのだろうか。そこで、DeSeCo計画は「うまくいく生活（successful life）と、よく機能する社会（well-functioning society）に貢献するコンピテンシー」に焦点を当てたのだ、と説明している。あるいは、

「伝統的な指導要領を通して明確に伝えられるような認知技能や知識は、教育の重要な成果であるが、コンピテンシーに対する影響（reflection）はそのような要素には限定されえない。労働市場での行動、および知能と学習に関する最近の研究のどちらも、制度的な教育の領域では必ずしもある

いはそこだけで獲得され、発達させられるわけではないような、態度、動機、価値といった非認知的な要素の重要性を指摘している」(2)とも説明されている。そのように、DeSeCo計画は認知的要素外に踏み込んだわけである。

DeSeCo計画が確認したのは、人間が望ましい社会生活を送るのに必要な能力である。このような実践的能力は企業内教育、職業教育、あるいは成人教育の領域で問われてきた概念であり、かつては「コンピテンス」という用語で表現されていた。教育の最終目標を考えて、この用語が学校教育の成果を評価するのに最もふさわしいと判断されたのである。そこで今まで言われてきた個別的で多様なコンピテンスを、より汎用的なコンピテンシーに整理し、さらにその核心となるキー・コンピテンシーを取り出す作業に入ったというわけである。つまり一九九七年時点でOECDは、社会的な展望をもって、これまでの伝統的な「学力」観と決別したのである。そしてここに、PISAが発足するのである。

このDeSeCo計画の作業は第一に、一九九〇年代にOECD諸国で実施された、教育成果指標に関するさまざまな研究を批判的に分析することから始まった。第一回国際シンポジウムは、一九九九年一〇月一三～一五日に行われ、これらの先行研究から、共通理解となる用語の整理をして、第二にコンピテンシーの予備概念を作成した(3)。

第三に、人類学、経済学、哲学、心理学、社会学といったさまざまな学問分野の学者たちが中心になって、理論領域の検討を行った。これが二〇〇一年のことである。

さらに第四として、キー・コンピテンシーに関する具体的な経験と展望を見るために、OECD内で国別情報収集（country consultation process：CCP）が組織された。二〇〇一年五～九月、一二か国が、キー・コンピテンシーと教育指標に関する項目について国別報告書を提出した。[4] ただしその理由は不明だが、日本や韓国は報告書を提出していない。ＤｅＳｅＣｏ計画はこれらの報告を受けて、二〇〇二年三月に第二回国際シンポジウムを行い、報告書の分析、討議に入り、諸見解を整理した。

最後に、ＯＥＣＤの求めに応じて二〇〇二年前半には、プロジェクトの結論と勧告を含むＤｅＳｅＣｏ計画報告書の作成に入った。ここではさまざまな分野の研究者、教育関係者、通商、労働、保健などの分野の専門家、それにＯＥＣＤ加盟国代表、国連教育・科学・文化機関（ユネスコ、ＵＮＥＳＣＯ）、世界銀行（World Bank）、国際労働機関（ＩＬＯ）、国連開発計画（ＵＮＤＰ）の代表といった人々が取りまとめに加わった。[5]

ほぼ同時期に、ＥＵ「ヨーロッパ教育情報ネットワーク（Eurydice）」でも、「欧州委員会教育・文化総局」の協力を得て「普通義務教育における教育目標としてのコンピテンシー」に関するレポートを各加盟国に求め、それらに対する評価をまとめている。これが二〇〇二年一〇月のことである。[6] ＤｅＳｅＣｏ計画が、実質的にヨーロッパ中心に展開していたことをうかがわせる動きである。

ＤｅＳｅＣｏ計画は二〇〇二年末に作業を終え、最終報告書はその翌年、二〇〇三年に刊行されている。[7]

この計画の作業過程を見ていくと、関連分野の厚さと関連分野の広がりから、先進国の間にきわめて高い社会的合意を得て、否定しにくい教育論理を作り上げていったことが分かる。いわば「学力の世界標準」を作り上げるような流れを作り出しており、この流れはもはや逆戻りすることはないだろう。

各国がめざす学力の本質

「最近数年間で、職業教育の分野におけるドイツ語文献には六五〇以上もの異なるキー・コンピテンシーが提示されている」といわれるほどであったが、議論の過程では、次のようなことが分かってきた。

①各国で広く価値が認められているのは、自律（autonomy）であった。

②コミュニケーションや市民性のように、国を超えて共通の価値ないし共通のコンピテンシーを特定できるものもあった。それでも、「良き市民」という価値は認めるにしても、そこに要請されるコンピテンシーは国々で異なっていた。

③教育界でのキー・コンピテンシーは、普通教育と職業教育との共通点を明確にするので、教育制度改革を進めるきっかけとして理解されていた。

④経済界でのキー・コンピテンシーは、新しい職業分野の可能性とかビジネス・チャンスとして理解される傾向にあった。

⑤市民団体は、社会的バランスを達成することと積極的な民主的参加を育成することをとくに強調した。

学校教育の目標としては、まず、中等教育修了資格として議論されている。たとえばドイツの中等教育修了資格試験（Abitur）では、知識の構造の理解、自己の学習の方向づけ、自己の学習に対する「省察(8)（reflect）」、思考、判断、行動という、一二の広域的コンピテンシーを獲得することがめざされている。

また、スイスの中等教育修了資格試験（Maturität）では、「教科間目標」として、生涯学習能力、自律的判断能力、知的開放性など、一二のコンピテンシーを確定している。

学校教育における教科の組み方にしても、オーストリアではキー・技能(key skills)ということばを用いて、知識偏重を避けようとしている。そして一九九九年には一〇〜一四歳の生徒のカリキュラムを、教科知識型から、「現実生活オリエンテーション」を強化して個人が使えるコンピテンシーへと拡大させた。また教科は、言語とコミュニケーション、人類と社会、自然とテクノロジー、創造性と設計、それに健康と運動という五つの教育領域に統合され、それぞれコンピテンシーが定義された。

ドイツでは、キー・技能(key skill)が、コミュニケーション、数の適用、情報、テクノロジー、共働、自己の学習と成績の改善、問題解決という六つの広領域にグループ化され、それぞれが五つの実行レベルに詳しく分類された。

スコットランドでも、コア・スキルとして、コミュニケーション、計算力(numeracy)、情報技術(IT)、問題解決、共働という五グループに分け、それぞれを五段階で定義している。

また、ノルウェーやニュージーランドでは、教育制度全体にわたって統合的なカリキュラムをとっていて、広い視野の教育目的を明示し、多くの広領域コンピテンシーをそこに含ませている。なかでもノルウェーでは、知的で、創造的で、活動的で、自由な教養をつけ、社会的で、環境に配慮する一人の個人という、「統合した人間」を教育目標として描いている。

ニュージーランドでは、すでに一九八八年に教育の四広領域目標を決めていたが、現在では、コミュニケーション技能、計算(numeracy)技能、情報技能、問題解決技能、自己管理と競争的な技能、社会的かつ協同の技能、身体技能、活動と勉学の技能という、生徒が習得すべき八つの基本技能（essential skill）を確定している。

さらにスウェーデンやフィンランドでは、学校で発達させ評価されるべきコンピテンシーの領域を、個別の知識や技能ではなく、一般的な本質として定義している。たとえばスウェーデンでは、外的世界の中で関係を探して自己のやり方を見つけ出すことができること、意識的に倫理的判断を行うこと、民主主義を理解しそれを適用すること、創造的でありコミュニケーションできることなどを評価の観点に含めている。

このような背景から、ＤｅＳｅＣｏ計画は「教育はより全体的で、広範な人間的諸目標を達成するものであるべきだ」という結論を導いた。すなわち学校教育で育てるべき能力、日本でいう「学力」を広い範囲でとらえ、また社会の具体的な物事を対象にして、しかも一人の作業だけではなく人間関係の中で協同して取り組む能力と見なすことにしたのである。

経済界は何を求め、どう動いたか

経済界において教育の成果は、生産性と競争力への決定的要因として見られている。しかし教育界とは対照的に、経済界ではキー・コンピテンシーを確定しようという動きはそれほど大きくない。それは、市場が求める能力が特定しにくいということにも起因する。せいぜい、市場で「うまくやる」ことというぐらいになってくる。

一般的に雇用者は、被雇用者にコンピテンシーのあることを望むものである。「チーム・ワーク」や「協同の文化への同調」も、雇用者は重視している。コンピテンシーの否定よりもむしろ、雇用者がコンピテンシー不足を被雇用者の自己責任だと見なすようにならないか。この点を、労働者たちは警戒しているようだ。

フィンランドでは、七〇九人の雇用者の調査から、一三の必須コンピテンシーもしくは資質を特定した。そこには、自発性（イニシアチブ）、興味、誠実、良心も含まれている。

労働組合側は、労働者の能力育成も社会的な責任であると主張する。たとえばスウェーデンでは、主要労組が二〇〇一年に覚え書きを交わし、生涯教育とコンピテンシーの発達に関する問題を討議するための共通枠組みを発展させることを試みている。この主要労組の立場は、個人的にも組織的にも発達するような「学習する職場」を展望している。個人は自己のコンピテンシーを発達させる責任があり、質的に発達する機会にもアクセスしなくてはならない。逆に組織は、コンピテンシーが必要であることを認め、被雇用者の発達に対して適切に投資する一定水準の責任があると解釈されるというのである。スウェーデンの金属労働組合はこの考えをさらに発展させ、コンピテンシーの発達と生涯学習を「人権」として認めるよう求めている。

経済界、政界など、コンピテンシーを確定するために総合的に取り組んだ国もある。デンマークでは、知識社会に向けたコンピテンシーの達成をチェックする目的で、デンマーク経済会議、五三の会議参加企業、その他の公的部門と研究機関の関連施設が、「国立コンピテンシー・アカウント（National Com-

**表5-3　OECD国別レポートにおける
キー・コンピテンシー領域の言及頻度**

高　い	中　間	低　い
社会的コンピテンシー／協同	自己コンピテンシー／自己管理	健康／スポーツ／肉体的コンピテンシー
リテラシー／知的で応用的な知識	政治的コンピテンシー／民主主義	文化的コンピテンシー（美的、創造的、異文化相互的、メディアのコンピテンシー）
学習力／生涯学習	環境コンピテンシー／自然との関係	
コミュニケーション・コンピテンシー	価値方向付け	

＊*Key Competencies for a Successful Life and a Well-Functioning Society.* 2003, p.37.
＊レポートしたどの国も、社会に出て生きる力を重視している。

petence Account）」という、教育省、雇用省、科学・技術・革新省、経済・商務省を含む省庁間プロジェクトを設立した。この「国立コンピテンシー・アカウント」は、一二七の指標について デンマークと他のOECD六か国とを比較し、三つのコア・バリュー（core values）を特定した。

そしてフィンランドは、二〇〇一年決定一四三五号で基礎教育の国家的課題を、「人間性と社会性の成長」「知識と技能の必要性」「教育の平等と生涯学習の必要性」という三分野の二一項目に制定し、二〇〇二年八月一日より施行している。

社会的要請を統合してキー・コンピテンシーを確定

国別レポートで指摘されたコンピテンシーは、強調の度合いに応じて表5-3のような三グループに分けられた。

表中に見える「社会的コンピテンシーと協同」とは、他人と協同したり、支援したり影響を及ぼしたりすることである。対立を解決したり交渉したりするような人間関係の技能から構成される。ともに働き、他人を案内したり導いたり、また他人に案内と支援を求めたり、さらには近年きわめて重要になっていることだが、異なる文化的背景を持った人々を理解しその人たちと協同することをその具体的な中身とする。

「リテラシーおよび知的で応用的な知識」は、本質的には、言語獲得（すなわち、読む、書く、話す、聞く、そして理解する）と計算力（numeracy）に結びついた伝統的なリテラシーを意味するが、数学、高度に複雑な情報の処理、問題解決、省察力（reflectivity）、それに「メタ認知」（後述）などの利用という、高度な発展も視野に入れられている。

「コミュニケーション・コンピテンシー」は、「社会的コンピテンシー」の中に入れられるが、認知的、道具的、技術的側面だけでなく、心からの「本物の」対話をしようという情緒的な側面も含まれる。外国語コミュニケーション・コンピテンシーをこのカテゴリーに入れるかどうかは、国によって異なる。

ＤｅＳｅＣｏ計画が確認した「コンピテンシー」は、幅の広い総合的な精神的能力である。それは、社会的に生きる人間という立場から必要とされるものである。

またＯＥＣＤ諸国では、学力として社会的にどのようなものが要請されているかを考慮して、ＤｅＳｅＣｏ計画はコンピテンシーの内的構造を決めた（図5−1）。さらに、コンピテンシーの成果を整理して、それを現代的に「うまくいく生活」（「成就した人生」とも訳せる）とまとめ直した（図5−2）。個人の立場からすると、これは文字どおり「うまくいく生活」となる。社会の立場からすると、「よく機能する社会」と言い直される。そしてこれらに対処するものとして、ＤｅＳｅＣｏ計画はコンピテンシーをさらに汎用性の強い三つの広領域の概念に整理して、それをキー・コンピテンシーと名づけた。キー・

図5-1　要請がコンピテンシーの中身を決定する

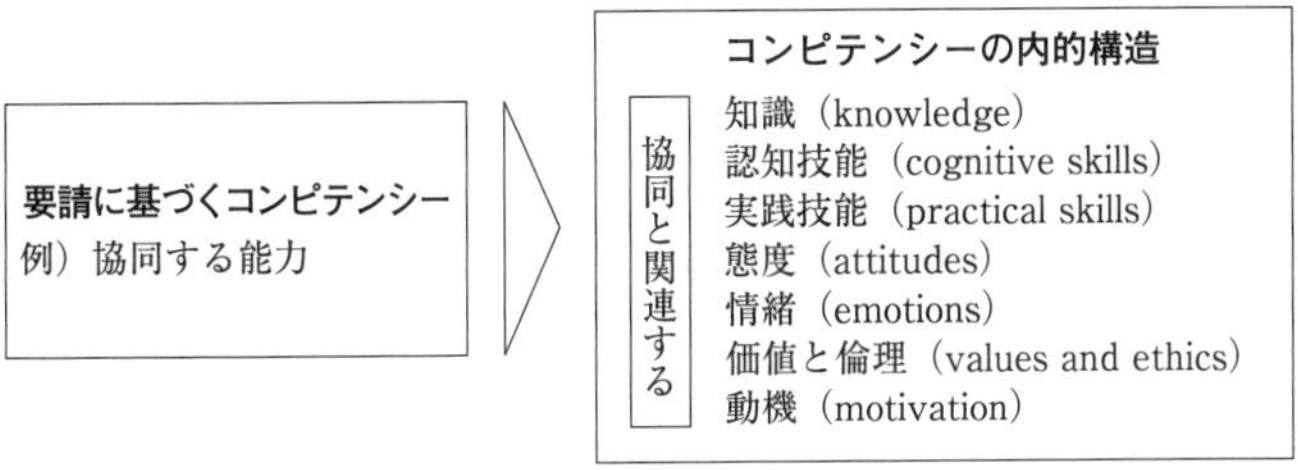

図5-2　DeSeCoのとらえたキー・コンピテンシーの枠組み

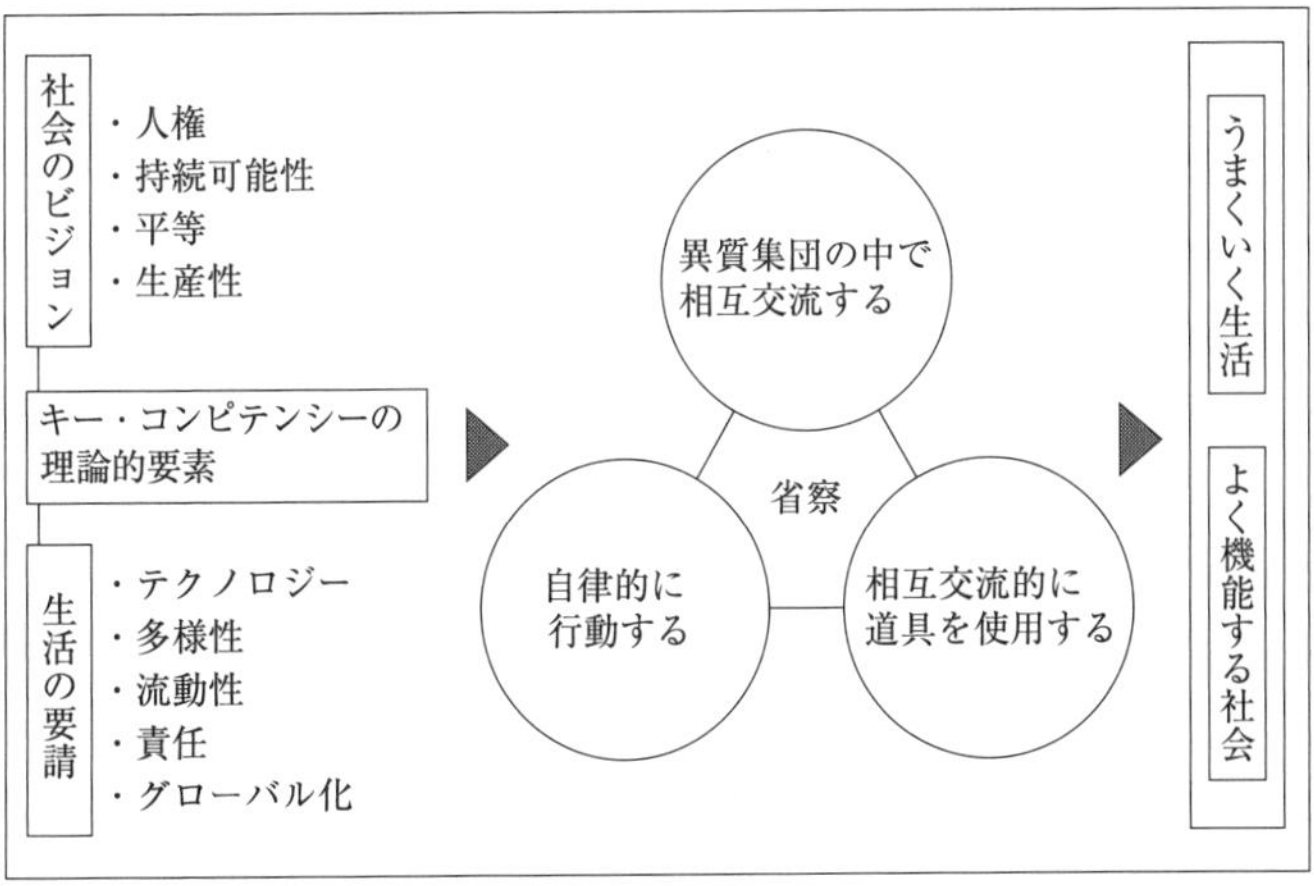

図5-1、2とも、

＊ *Key Competencies for a Successful Life and a Well-Functioning Society.* 2003, p.44, 184.

＊キー・コンピテンシーは個人と社会の力である。コンピテンシーは、態度や価値や動機などを含む、幅の広い実践的な力で、自分にとっても社会にとっても有意義な力である。大きく三つのキー・コンピテンシーにまとめられるが、そのどれにも「省察する力」が関与している。

コンピテンシーは、「異質集団の中で相互交流する」「自律的に行動する」「相互交流的に道具を使用する」という三つにまとめられたのである。

OECD教育局のシュライヒャー指標分析課長は、「われわれは、三つの能力（コンピテンシー）について比較することを検討しています」といい、キー・コンピテンシーを次のように説明している。

「若い人たちがことばや記号、テキストを使って情報を駆使し、テクノロジーを活用し、相互に働きかける能力」「ほかの人とうまく折り合うということであり、協力し合い、チームで作業したり、対立を解決したりする能力」「物事を全体でとらえて活動すること、責任をとること、自分および自分以外の人の権利や限界を知るという能力(9)」

そして、このような能力を比較することは難しいことで、段階的にしか達成できないが、その能力（コンピテンシー）を測定可能な形に置き直したものが「リテラシー」なのだと論を展開している。

EUがめざす義務教育の目標

欧州委員会（European Commission）は、国際的な競争力の強化を意図して、一九九五年のマドリッドEUサミットに、白書『教育と学習――認知的社会に向けて』を提出した。また、このサミットでは、一九九六年を「ヨーロッパ生涯教育・訓練年」とすることが宣言された。そして、一九九七年にOECD諸国は、「国際生徒調査計画（PISA）」を開始することになるのである。

まず、一九九九年には、ボローニャ宣言によって大学等高等教育機関の制度と単位数が共通化されることになった。さらに続いて二〇〇〇年のリスボンEUサミットでは、「二〇一〇年までにヨーロッパを、最も競争力があり躍動的な知識基盤経済にする」という目的が設定された。この一〇年計画は、「リスボン戦略」と呼ばれる。この「知のヨーロッパ」とは、アメリカや日本に対抗した総合的な大戦略であるとも解釈される。

翌二〇〇一年に、ストックホルムの会議にて、教育と訓練を発展させるEU加盟国の共同活動として、「EUにおける教育と訓練のシステムの質と効果を改善する」（第一戦略）、「教育と訓練のシステムへすべての者がアクセスする施設をつくる」、「教育と訓練のシステムをより広い世界に開く」という三つの戦略がまとめられた。

やがて二〇〇二年になると、欧州理事会と欧州委員会は、「リスボン戦略」のうち教育と訓練の分野で達成すべき目標をさらに具体化し、一三の重点目標を定めた「ヨーロッパにおける教育の訓練システムの対象に関する継続プロセスの詳細な作業計画」[10]を策定する。しかも、これには目標達成を測定する指標が設けられていた。こうしてEU加盟国には、共通の教育目標が初めて設定されることになる。

そして、二〇〇二年末のこと、三一か国の教育閣僚と欧州委員会の代表が職業教育について共同歩調をとるという合意に達し、「コペンハーゲン宣言」に署名するのである。

この「作業計画」は「リスボン戦略」を、「冒険的にしてしかも現実的な追求」であり、「教育と訓練の単一的複合戦略」であると呼ぶ。そしてこの第一戦略はさらに、「教師と指導員の養成の改善」「知識社会に向けて技能を発達させること」「誰もに情報コミュニケーション技術へのアクセスを確実にすること」「科学と技術に関する再学習を拡大すること」「諸資源の最高の利用を作り出すこと」という五重点項目に分かれている。新しい能力育成には新しい教育を、新しい教育には新しい教育方法をという改革の流れがここに見て取れるであろう。この作業計画は、二〇〇三年には「教育と訓練二〇一〇（Education and Training 2010）」と名づけられるようになる。

このような教育統合の流れの中でEU「ヨーロッパ教育情報ネットワーク」が各国に、義務教育の目標としてのコンピテンシーというテーマで報告を求めたというわけである。これに対して、二〇〇二年五月〜九月にかけて、当時のEU加盟国一五か国すべて、数にして一八の国と地域からレポートが提出された。そして二〇〇三年二月には、これらのレポートを総合し評価して、「欧州委員会教育・文化総局」名で「キー・コンピテンシー（*Key Competencies*）」という報告書が刊行されている。[12]

この報告書には、EUとして共通の教育目標を設定していこうという強い意志が感じられる。それは、EUの拡大に際した、人口増加、移住の開始、複雑な資格の増加、高い失業率、社会的差別の危険などをにらんで、この解決策として、従来のような「国民意識」形成に替わるものを教育目標にしようとしているということである。

「ヨーロッパ諸国は、出現しつつある『知識主導社会』において積極的な役割を果たすような市民を育成するため、知識、技能、コンピテンシー（competence）、能力（abilities）、態度を確立することにますます関心を寄せている[13]」

そして、「知識基盤経済」とか「知識基盤社会」が一九九〇年代にEU諸国の合意になってきたことを説明して、さらにここでは「知識からコンピテンシーへ」という転換が起きるのだと指摘する。いわば失業対策と絡んで、EU内部から、二一世紀の「知識社会」再解釈論といったものが提起されているわけである。そして二〇〇二年には、基礎教育（義務教育）から職業教育まで、ヨーロッパ諸国に共通な教育内容の確定に向け、相当な合意が形成されたことになる。

教育論に関しても、きわめて明確に、次のように述べている。

「学校教育の最終目的は、学校の外に出て効果的に機能するように学習者が準備することである」[14]

また教育学理論についても、二〇世紀前半では「行動主義」が優勢であったが、一九六〇年代以降は、「認知主義」ないしは「構成主義」のアプローチに転換していると判断し、とりわけ「構成主義」について重点的に説明している。

「伝達のための教育は、教師中心から学習者中心の教育方法へと転換されることが要請されている。教師はもはや記憶するための知識を提供する者ではなく、生徒がコンピテンシーを構築するプロセスを支援する者に変わる。蓄積された知識や経験を基盤にして、教師は教科の特別な知識を教えるけれども、同時にまた、創造的で批判的に思考する技能や学習するための能力（ability to learn）を、学級活動に生徒を加わらせることによって育成していくのである。コンピテンシーの獲得とは、それが学習者の一部になりきることを必要とする。教師の役割は、生徒が自分で能力を発揮しなくてはならないような新しい状況に対して、知識や技能を適用しようと努力している生徒を案内しながら学習を支援することである」[15]

ここでは、きわめて重要なことが指摘されている。教師は単なる知識の伝達者ではなく、総合的に能力を育てる支援者になること、また本物の学力（コンピテンシー）は学習者の中にしっかりと根づくべきことなどである。

こうして、ＥＵは近年、「教える教育」から「学びを支援する教育」へと教育観を変えつつある。それに応じて教師の役割は、子どもたちの創造的で批判的な学びを支援することとされたのである。「社会構成主義」をとるフィンランドの教育は、おそらくこのようなヨーロッパにおける教育改革の流れの最先端に位置するのであろう。

二〇〇五年一一月一〇日には、欧州委員会が欧州議会と「生涯学習に向けたキー・コンピテンシーに関する協議会（Council on key competences for lifelong learning）」の勧告を採択している。この協議会は、三一か国の代表とその他の関係者が集まり、「キー・コンピテンシーの枠組み（Key Competences Framework）」を作成したと伝えられる。この「枠組み」で述べられているコンピテンシーは、

①母語でコミュニケーションする
②外国語でコミュニケーションする
③数学、科学、技術のコンピテンシー
④デジタル技能のコンピテンシー
⑤学習することを学ぶ
⑥人間関係の、異文化交流および社会的なコンピテンシー

⑦起業家精神
⑧文化的表現

である。このようなコンピテンシーの多く、たとえば「社会的コンピテンシー、人間関係コンピテンシー、市民コンピテンシー、起業家精神、学習することを学ぶ、文化的表現」は、「伝統的な方法では教えられないので、学習の組織に関する新しいアプローチを必要とする」と説明されている。すなわち、「教師は、他の教師とともに、また地方自治体とともに活動し、さらに異質集団を扱うことが求められている」ので、「教師にもまた、これらの新しい課題に対応するために新しいコンピテンシーと継続的な学びが必要となる」とも指摘されている。[16]

このようにEUの欧州委員会は教師に、多様な子どもたちを相手にして社会に開かれた協同の活動を求めているのである。少なくとも学校が市民統合の場となり、教師は異質集団に対して教育活動を行うという立場は明確である。この点でもフィンランドは、時代の最先端の実践を行っているといえるだろう。こうして、二〇一〇年に向けた知のヨーロッパ戦略、いわゆる「リスボン戦略」は着々と進められている。

PISAが測定しようとした学力

事実、PISA自身がDeSeCo計画の成果を、「新しいコンピテンシー領域に関する調査に向けた長期的拡大を導く可能性を持った枠組みを提供している」と評価している。[17] PISA側の資料に基づいて、以下にPISAの解釈したコンピテンシーの概念を確認しておこう。

PISAがDeSeCo計画と歩調を合わせた作業から確定した「コンピテンシー」には、主体が活動するという観点が貫かれている。そのためこの「コンピテンシー」の特徴は、まず第一に人間の幅広い精神活動をカバーしている。言い換えれば、主体が意欲と将来展望を持ち、社会と自己の状況を批判的にチェックしながら、総合的に諸能力をはたらかせていくものである。第二に、コンピテンシーが動的なものとしてとらえられている。すなわちコンピテンシーとは、個人と他者ないしは事物との動的な関係の中で作られ、発達させられ、発揮されるものととらえられている。したがって、学力や能力は一人のものではなく、また社会と自己の必要状況に応じて、つねに作り上げられていくものとして長期的にとらえられているということでもある。とりわけ生涯学習を展望して学び方を学ぶという、「学習力」の育成が学校教育の重要な課題とされる。第三にコンピテンシーは、批判的側面を重要な柱として人格形成から社会構築に至るまでカバーするものとして想定されていることである。つまり学んだ知識や技能が、社会にとって、また自分にとってどのような意味があるのかを吟味し、自己の人間観や世界観を変革し、それを自己表現し、他者と交流するところまで学習プロセスに入れていることである。

なぜコンピテンシーを教育の目標に据えたかについて、PISAは「教えられた知識と技能から超えること」と説明しているが、これは伝統的な学力観の否定を意味している。まず、ほとんどのOECD諸国では、「柔軟性、起業家精神、個人責任」に価値が置かれていた。この本質をPISAは、「諸個人は適応するだけでなく、革新し、創造し、自分から方向づけ、自分から動機づけること」が期待されていると解釈した。同じくＤｅＳｅＣｏ計画の議論の中で、ほとんどの研究者や専門家は、今日の課題に対処するには、「複雑な精神的課題と取り組み」、「蓄積した知識の基礎段階の再生産を上手に超えていくこと」ができるような個人の能力が要請されているといっている。ＰＩＳＡもこれに同意している。

さらに、ＤｅＳｅＣｏ計画がいうように、「コンピテンシーは優れた学習環境の中で学ばれる」ものであるとし、ＰＩＳＡは、その学習は自らが学ぶことであるとして次のように述べている。

「キー・コンピテンシーの枠組みの中心にあるのは、道徳的および知的な成熟の表現を自分自身のために考え、自己の学習のためおよび自己の行動のために責任をとる諸個人の能力である」

ＤｅＳｅＣｏ計画は、コンピテンシーをキー・コンピテンシーという三つの広領域カテゴリーに分類しているが、ＰＩＳＡはキー・コンピテンシーを選択する場合の共通項を、「錨としての共通価値」と表現して、次のように指摘している。

「すべてのＯＥＣＤ社会は、民主的諸価値と、持続可能な発展を達成することの重要性には同意している」

さらに、ＰＩＳＡは、この価値の実現の複雑さを次のように表現する。

「これらの諸価値は、諸個人が自己の可能性を達成できるべきだということと、諸個人が他者を尊敬し、公正な社会を作り出すことに貢献するべきだということの両方を意味している。この個人的目標と集団的目標の補完的状態が、個人の自律的な発達と他者との交流との両方を認めるようなコンピテンシーの枠組みの中で省察されることが必要である」

このように個人と社会との間に一種の知的緊張関係が要求されるわけであり、社会や集団に順応することだけがすすめられているわけではない。

PISAは、「省察、それはキー・コンピテンシーの心臓」と表現して、それらキー・コンピテンシーをつなぎ止める決定的な能力として「省察（reflectiveness；reflection）」ないし「省察的な思考と行動」に着目した。

PISAが理解する「省察」とは、一つには「自己の思考や行動を吟味する」という「メタ認知能力」の意味合いがあり、また一つには「二者択一を超えて」と表現されるように単純な即断ではなく、「ねばり強く考える」「熟考する」という意味がある。この両者とも、「比較的複雑な精神過程」である。

まず、前者でいう「省察」とは、自分が「自身を客体とするような思考過程の主体」となること、つまり自分の思考や行動を（高いところから）観《み》て考えているもう一人の自分がいるということである。そのおかげで、自分の行動や思考を自己の行動計画や社会的な脈絡の中で意義づけ、評価し、調整して、さらに続行したり変更したりできるのである。また、この評価・調整の機能があるからこそ、充実感・満足感を味わったり、責任を感じたりするわけである。このような「省察」は、「思考について思考する」という「メタ認知技能」のはたらきと考えられ、「創造能力や批判的姿勢をとること」を意味する。

PISAはとりわけ、この力こそ社会性を生み出すものだと見ている。

「それは、諸個人がどう考えるかということに関してだけでなく、どのようにして諸個人が、自己の思想や感情、社会関係を含み込みながら、経験をより一般化して作り上げていくかということでもある。このことは、諸個人が、社会的圧力から離れて、異なる展望を持ち、独立した判断を下し、自己の行動に責任を持つことを可能にする、あるレベルの社会的成熟に到達することを要請する」

しかもここでいう社会性とは、社会的圧力に不本意ながら従うというような適応的な行動ではなく、社会的圧力から離れて、自分の独立した判断で、自由に行動することを意味しており、このような自由が許されていて初めて自己責任が問われることになるというのである。個々人が、社会を批判したり、「異なる展望」を持つことまで含んで自律した人間が想定されていることには、とくに注目すべきであろう。民主主義とは、集団に埋没しない強力な個人を前提にしているということだ。PISAは、そのような個性豊かな個人を育てようとしている。

もう一つの「省察」は、「違いや対立を扱う能力」ともいえるもので、

「必ずしも一つの答えや二者択一的な解決に飛びついたりするのではなく、むしろ、対立と見えるものや矛盾する目標を一つの現実の諸側面ととらえて統合すること、たとえば自律と団結、多様性と普遍性、革新と継続性との間の緊張を扱うこと」

あるいは、

「対立していると見えるが多くの場合、ただ表面的にそう見えるというような、複数の立場や見解の間にある多面的な関係に配慮することで、より統合的な方法で考え行動すること」

と説明されている。言い換えれば、個人一人ひとりが「省察的に考え行動する」ことは、キー・コンピテンシーの枠組みの中心をなす。「省察」とは、「公式や方法を直面する状況に対して型どおりに適用す

る能力」だけではなく、「変化させたり、経験から学んだり、批判的な展望を持って思考し行動するという能力」もまた含んでいる。

こうして、PISAが測定しようとする対象、つまりコンピテンシーが見えてきた。

しかし、PISAにも問題はある。調査は鉛筆と紙を用いたテストで遂行され、言語、シンボルそれにテキストを使用する能力(キー・コンピテンシーの一部、表5-4の①AとPISAは説明している)に大きく依存し、制限されている。だが、若者や成人が保持する必要なコンピテンシーの測定に向けてかなりの進展がはかられてきたと、二〇〇三年時点では実績を振り返っている。たとえば、コンピテンシーの枠組みの背後にある「知識と学習への省察的アプローチ」を測定できている、とPISAは見ている。

たとえばPISAの読解調査では、「生徒が情報を探し出し、解釈するだけでなく、読み取ったものを省察し評価する」ことまで測定しているのだという。

とりわけここでは、読解とは与えられたものを読んで理解するだけでなく、情報を探し出すことに始まり、解釈した中身と、読み取っている時の自分のあり方との意味を省察し評価することまで含む、長い思考プロセスと見られている。当然にこの思考過程の結末は、外部に表現されるものでもある。

以上のような考察から、さまざまなコンピテンシーの土台となるコンピテンシーを測定可能な形にして取り出したものが「リテラシー」である、ということになる。

そうみるとPISAのテストは、人間の深い思考力を測定しようという目的で作られており、ある程

表5-4　キー・コンピテンシーの構造

キー・コンピテンシー	な　ぜ	その側面
①道具を相互交流的に使用すること	・最新の技術に遅れない必要性 ・自己の目的に道具を適用する必要性 ・世界と積極的に交流する必要性	A. 言語、シンボル、テキストを相互交流的に使用する B. 知識と情報を相互交流的に使用する C. 技術を相互交流的に使用する
②異質集団で相互交流すること	・多元的社会で多様なものを扱う必要性 ・共感の重要性 ・社会資本の重要性	A. 他人とよい関係を持つ B. チームを組んで協同し、仕事する C. 衝突を管理し解決する
③自律的に行動すること	・複雑な世界で自己のアイデンティティと目標を設定する必要性 ・権利を実行し、責任をとる必要性 ・自己の環境とその機能を理解する必要性	A. 大きな状況の中で行動する B. 人生設計と個人的計画を作り、実行する C. 権利、利害、境界、必要性を守り、主張する

＊ PISA. *The Definition and Selection of Key Competencies: Executive Summary.* 2005.
＊ PISAは、キー・コンピテンシーのうちの一部（主に①）を測っているだけ。
＊①の道具のうち、社会生活や産業に関係が深いものとして、「言語・情報」「数学」「科学」が注目され、それぞれの運用能力を「読解力」「数学的リテラシー」「科学的リテラシー」と呼んで、それらを測定することにした。

度まで成功しているといえるかもしれない。

学校はどのような学力を育てるべきか

ＯＥＣＤ教育局のシュライヒャー指標分析課長が日本で強調したように(18)、「リテラシー」、つまり新しい知識を生み出し、知識に基づいて省察し、比較し、判断し、仮定する能力は、「すべての若者たち」が社会に出て生きていく基本的な必要条件ととらえるべきである。この視点からは、学力競争という発想は出てこない。

もう少し詳しくいえば、シュライヒャー指標分析課長は次のようなことばで説明した。まず彼が強調したのは「変化に適応する能力」であり、これは新しい知識を生み出し、知識に基づいて熟考し、比較し、判断し、仮定する能力と説明される。しかもこの能力は、「すべての若い人たちが将来成功するための基本的な必要条件」であるという。同じことを別の表現では、分析し、比較し、対照し、仮定し、創作し、発見する、といった能力であるという。

このような能力を評価可能な形に置き換えると「リテラシー」となり、それは諸能力を形成するもっとも基本的な技能であるという。その中身は、「情報を入手し、管理し、統合し、創造し、判断する能力」「分析し、比較し、対照し、価値を測る能力」である。ならびにまた、「知識を受け入れ、知識を生み出す」「知識と情報とを創造的に運用する能力」「創造的に考え、新しい知識を生み出し、仮定し、発見する方法」「まだ馴染みのない新しい状況に対し、知識と経験を適応する能力」である。シュライヒャー指標分析課長によると、この「リテラシー」の評価でよくない成績を収めた生徒は、ほかのどんな教科においてもよい成績を収めていないと分析されるという。つまり「リテラシー」があれば、知識や技能は自ら学んでおり、これからも学んでいけるはずだという解釈が成り立ち、「リテラシー」を測定しておけば、学力の実態は推測できるとみるわけである。

そこで、この「リテラシー」と知識や技能との関係を、われわれは次のように考えたらよいだろう。つまり、個別・具体的な知識や技能はそれぞれの文化的集団（国や地域）が設定することをPISAは前提にしている。そしてPISAはそこに介入せず、文化的対立を回避しながら必要な学力を上手に把握しようとしている。それは少なくとも、各国がこれまで追求してきた学力に対する「補完性原理」を提示しているのかもしれない。

シュライヒャー指標分析課長にいわせると、この「リテラシー」も、「どの生徒にも身につけてほしい基本的な技能」である。「現状を的確に、また包括的に認知する能力」とか、「関係あることと無関係なことを識別できること」というように、まず問題状況を自分でつかむことが重視され、これはPISAのテスト問題にも反映されている。

身につけるべき能力の特徴を、「絞り込んだり、定義したり、理論的に説明したり測ることは、よりいっそう難しい能力」と言いながら、「傾向を認識し、共通点を確立し、経験した状況と将来出会うかも知れない新しい状況との関係を打ち立てる」、または「変化に対応し、現代生活の非常に重要である曖昧性・複雑性との折り合いをつける」能力と、シュライヒャー指標分析課長は表現している。

個人が自己コントロールする能力として、

「自分自身を管理する」

「自分が今どこにいて、強みは何で、弱みは何かということを認識できる」

「価値、信条、モラルといった規範的な能力」

「自分自身の学習を管理し、たゆまぬ努力をもってやり抜き、目標を設定し、自分が学びたいことを成し遂げたかといった、学習の進捗《しんちょく》状況を監視できる」

と説明している。

また、「共同戦略というものを作り上げる」能力も重視されている。「集団に参加し、集団のなかで機能する、共に働き、共に学ぶ能力」「他の人の役割を担う」「対立する利益について双方が受け入れられる解決方法を見出すために交渉する能力」とも言い直されている。

以上のような説明は、ＤｅＳｅＣｏ計画の結論をくみ取ったうえでの発言であるということはいうまでもない。日本との決定的な違いは、ヨーロッパの多くの国々、とりわけフィンランドなど北欧諸国が、これからの産業社会で生きていくためにはすべての生徒に新しい学力を身につけさせようとしていることである。

このような学力は旧来の教科の学力とは異なり、知識や技能を獲得し、しかもそれらを活用、発展させていく能力のことである。そうなると本来は、日本の「総合的な学習の時間」は、この点に留意して作られたものであるが、世界の流れに見る学力観の転換という点が、日本の教育行政では軽視されている。日本の動きは、産業の変化や世界の動きにかみ合っていないということになる。

総合学習の意味

「総合的な学習の時間」、いわゆる「総合学習」は、一九九八年六月の教育課程審議会答申で形を現し、二〇〇二年度から完全に実施されている。それは、九〇年代に日本の教育界を支配した「新しい学力観」の仕上げをも意味していた。そこでは、自ら活動し、思考し、創造していく個性的な主体が描かれていたのであるが、それは、八〇年代に国際的に展開した日本企業が世界から学んだ新しい日本人像でもあった。その意味では、日本はOECDよりも早い対応をしたことになる。

それゆえに、一九八四～八七年に設置されていた「臨時教育審議会」は、既存の学校教育に大きな批判を投げかけたのである。日本の教育は、明治以来「追いつき型」であったため知育に偏重していたと指摘し、日本人が画一的で受け身的であったことを反省し、これからは個性を重視し創造性を育成すべきだとしたのである。国際化の流れの中で、このような考え方は社会的な傾向となり、大学入試も科目数を減少させて「平均点人間よりは個性」というような風潮を生み出した。

政府文書を丹念に読めば、それなりの変化を読み取ることもできる。

たとえば、教育工学の研究者である古藤泰弘(19)は、日本でよく使われている「学習力」は、八〇年代以降に文部省の審議会などで使われはじめた「自己教育力」に似て、PISAのキー・コンピテンシーともつながると指摘している。

一九七七年告示の学習指導要領は、「ゆとり」の時間を創設しているが、このいっそうの徹底をはかる「中央教育審議会」の議論の中で、「自己教育力」が取り上げられている。それは一九八三年に、「教育内容等小委員会」が提出した報告書に始まる。そこでは、社会の変化に対して「主体的に変化に対応する能力をもち、個性的で多様な人材が求められる」と認識し、「ゆとりあるしかも充実した学校生活」の中で、「自己教育力」すなわち、「主体的に学ぶ意志、態度、能力など」を育成すべきだとしている。さらに具体的に、「将来の日常生活や職業生活において、何をどのように学ぶかという学習の仕方についての能力」と言い直して、「体験的学習」や「問題解決的あるいは問題探究的な学習方法」を重視すべきとまで言っている。(20)

引き続いて一九八四年に設置された「臨時教育審議会」は、八七年に「個性重視の原則」「生涯学習体系への移行」「国際化・情報化など変化への対応」という三つの原則を提言することになる。「個性重視」と関連して、「創造性・考える力・表現力」の育成が注目された。(21) この審議に配慮しながら、「教育課程審議会」が教育課程の基準を改定するよう答申し、それを受けて文部省は八九年に学習指導要領を告示した。文部省が改訂の背景を説明する「改革方針」では四つの柱が示され、その三番目に「自己教育力」という見出しをつけている。

周知のようにこの動きは、一九九九年告示の学習指導要領まで続くことになる。九六年に「中央教育審議会」は、第一次答申『二一世紀を展望した我が国の教育の在り方について』を公表しているが、その副題には「子供に［生きる力］と［ゆとり］を」と書かれている。そこでは、これからの子どもたちに必要なものとして、次のことが指摘されている。

「いかに社会が変化しようとも、自分で課題を見つけ、自ら学び、自ら考え、主体的に判断し、行動し、よりよく問題を解決する資質や能力であり、また、自らを律しつつ、他人とともに協調し、他人を思いやる心や感動することなど、豊かな人間性であると考えた。たくましく生きるための健康や体力が不可欠であることはいうまでもない(22)」

そして、これが「生きる力」なのだと説明されている。この理解は、ＤｅＳｅＣｏ計画やＰＩＳＡが考えたコンピテンシーとそれほど遠い距離にあるわけではない。言葉だけを考えれば、日本とフィンランドとの距離は近い。

ところが、新学習指導要領が告示されたとたん、一九九九年、このような「ゆとり」教育は「低学力」をもたらすという、いわゆる「低学力批判」が始まり、それはやがてマスコミに大きく取り上げられるようになったのである。

日本とフィンランドの教育は、いまやまったく逆向きに動いているように見える。ならば、この差はどこから出てきたのものだろうか。政財界が未来の変化を途中で読み替えたのか、教育界が詰め込み主義的な考えを根本的に改めていないからなのか、子どもたちの教育環境が劣悪だからなのか。

一つだけ、忘れていけないことがある。「総合的な学習の時間」を特徴とするカリキュラムの作成責任者にあたる、当時の教育課程審議会会長だった三浦朱門のことばは衝撃的だ。

「学力低下は予測し得る不安と言うか、覚悟しながら教課審をやっとりました。いや、逆に平均学力が下がらないようでは、これからの日本はどうにもならんということです。つまり、できん者はできんままで結構。戦後五十年、落ちこぼれの底辺を上げることにばかり注いできた労力を、できる者を限りなく伸ばすことに振り向ける。百人に一人でいい、やがて彼らが国を引っ張っていきます。限りなくできない非才、無才には、せめて実直な精神だけを養っておいてもらえばいいんです[23]」

「総合学習」とか「生きる力」といいながら、実際には、「できん者はできんままで結構」という考えが教育政策決定者たちの思想的背景になっていた。しかも、「学力低下」を「覚悟」してのことだったという。そのため日本の教育行政からは、子どもたち全員がしっかりとした学力を身につけるという視点が抜け落ちてしまうことになった。ここが、今日の学力問題の根源である。日本で進められた教育が、フィンランドの教育とまったく逆の方向に向いてしまったことをしっかりと確認しておこう。しかも今日のフィンランドと同様に、日本もある時点までは、五〇年にもわたって、「底辺を上げることに労力を注いできた」ことも確認しておこう。

OECD教育局のシュライヒャー指標分析課長は、

「教育の質が悪く、どういった家庭的な背景・出身かということが大きな影響を及ぼしているということでは困る[24]」

と言っている。ひるがえって、日本の教育行政に携わった者は、「できん者はできんままで結構」と言っている。この思想の落差こそ、「低学力」を生む原因なのではあるまいか。

おわりに

「なぜ日本の教師は、そんなに長い時間、学校にいるのか」

「授業以外にいったい何をやっているのか」

フィンランドのかたにはこれはどうにもわからないようだ。

こちらは、

「成績をつければ、できの良い学校とできの悪い学校とができるだろう」

といつもの疑問を持ち出す。

「成績の良し悪しはその生徒の問題だ。学校は学び方を教えるところだ。あとは生徒個人の目標と努力による」

と突き放される。

「それならば、生徒の努力を引き出すような、少しでも良い学校と良い教師が出てくるでしょう」

とくいさがると、

「そんなこと、どこの学校に行っても同じよ」

と一笑に付されてしまった。

「日本には、大量に『ニート』がいて、政府も頭を痛めている」

という話をすると、

「それは何ということだ。信じられない」

「働かないでどうして食べていけるのだ」

「その若者はこれからどうしていくつもりか」

と矢継ぎ早に質問が返ってくる。これまたどうにも理解できないらしい。

「親が食べさせているのです」

と言えば、

「その親がいなくなったらどうするのだ」

と追い打ちがかかる。そのうえ、

「どうしてそんな人間を日本の教育は育ててしまうの」

と、一種哀れみに似た表情がフィンランドの彼女たちの顔に浮かんだ。

二〇〇五年には、フィンランド教育組合に三度も足を運んだ。これは、二回目のインタビューの会話である。三時間半粘っても原理的問題に関する理解に隔たりがあり、「また一二月に来る」と言って継続審議を確認し、別れた。帰りの車の中で通訳の菊川さんが言い出した。

「日本でこんな話がありましたよ。インターネットの新聞記事で見たんだけど、ある高校生が禁止されている携帯電話を学校に持ってきたところ、ベルが鳴ったためばれてしまった。担任はとくにとがめ立てをしなかったが、クラブの先生が『連帯責任だ』と言って迫った。そこで生徒たちは『丸刈りにします』と決めて実行した。そしたら親がそのやり方にクレームをつけて、学校側が記者会見して、校長とクラブの先生が謝ってるの。おかしくって……」

「……」

「だってそうでしょ。決めたのは生徒でしょ。どうして学校が謝らなくてはならないの」

「いや、そのやり方に度が過ぎたのじゃぁ……」

「どうするか決めたのは、生徒じゃない」

「でも、今までに、学校の指導に問題があって不満がくすぶってたとか……」

「子どもが決めたことに親が口出すことないでしょう。子どものしたことが間違ってたら、子どもに言えばいいことでしょ。学校に言うことはない。しかも悪いことしたのは子どものほうで、学校じゃないでしょ」

「……」

要するに菊川さんは、生徒が決めたのならそれを尊重しろ、日本では大人がよってたかって子どもをいじくりまわしてダメにしている、と言いたいようだ。重ねて彼女は、教育方針さえ定まらずうろたえている日本の学校と教師にも、ふがいなさを感じているようだ。日本の教師は、教育の基本原理に立ち戻ってたじろぐな、ということか。

自ら学ぶということは、学ばない自由も許され、失敗する可能性も、失敗から立ち直る可能性も含まれているということらしい。教師はそれをずっと見守っていて、生徒が必要になったときに適切な支援をする。教師は支援はするけれど、決めるのは本人なのだ。日本の先生は「子どもをかまいすぎる」のだ。

「そんなこと言ったって、日本の先生は子どもをかまわないと不安なんだよ。良い教師とは、できるだけ子どもに働きかける熱心な教師だと思い込んでいるんだもん……」

と筆者が言っていると、菊川さんがさえぎった。

「だって、私がなぜフィンランドに来たかというとねぇ……」

と話し続ける菊川さん。そうなのだ、ここには他人を利用して楽をしようなどという者も見あたらず、フィンランド人は愚直に、自分で責任がとれることをひたむきに追求して生きている。アメリカン・ドリームを抱けとけしかける山師のような大人もいない。フィンランドは、落ち着いた、成熟した社会だった。

二〇〇五年の一二月、フィンランド教育組合のマリヤッタ・メルト参事に三度目のインタビューを試みた。この日は二時間あまりねばった。一度目の訪問の時と同じく教育学の専門家リイーッタ・サラスさんが同席してくれた。別れ際に二人がこんなことを言った。

「フィンランドの学校では、一人ひとりの教師に「教える力」が求められ、各教師がそれを持っている。その力とは、一人ひとり違う生徒を相手にして教育することだ。生徒が一人ひとり違うということは、できる順の違いではない。多様な能力が伸びていくのであり、それらをひとまとめにして一列に並べることはできない。このように生徒一人ひとりの目標は違うのであり、生徒に合わせて支援していくという仕事もまたそれぞれ違う」

こう言った彼女たちは、「フィンランドの教師にはそれができている」「私たちはこんな国を作り上げている」という自信と誇りに満ちていた。

二回目のＰＩＳＡセミナーの席だった。イルメリ・ハリネン国家教育委員会普通教育局長がフィンランドの義務教育の歴史を報告していた。一九九〇年代前半の一連の教育改革を説明しながら、教科書検定を廃止し、「視学官制度も廃止しました」と読み上げて言葉を止めた。それから、ゆっくりとスピーチのテーブルから顔を上げ、場内を見渡して、にっこり笑いながら、

「今、フィンランドという国には、視学官が一人もいないのですよ」

と言った後、言葉を止めた。会場はしーんと静まりかえった。会議の進行が止まってしまった。不思議な時が流れた。壇上に立ちつくしている彼女だけがほほえんでいた。

今から思い起こせば、おそらくこんなことを考えていたのではないかと推察できる。視学官など一人もいなくても、つまり国家が直接に管理などしなくても、フィンランドのどの学校も、どの教師も立派に教育をしている。しかも教師も生徒も、その力を十二分に発揮している。私たちは今ここに、世界か

ら客を迎え、世界に向かってそう言える国を作ったのだと。

ひるがえって日本の現状を見てみると、上に立つ者の教育哲学がなんと貧困なことか。点数でなきゃ生徒の能力は測れない、数値目標でなきゃ教師の仕事は測れないなどと叫んでいる人たちは、人間の営みの奥の深さをとらえ損ねている。もったいないことではないか。

さて、ここで話を閉じると、読者の皆さんには大いなる悩みを残してしまうことになる。いったい日本で何ができるだろうか、と。結論だけいえば、まず、教師が「手作りのテスト」を作成することである。そして、その子どもの教育のために自分の教えたことがちゃんと学ばれているかを測ることである。このことから、重要な事柄がいくつも派生してくるはずだ。少なくとも子どもたちは、「先生が自分のために教えてくれているのだ」という実感を持つであろう。子どもたちが直接関わっている生活の中に題材をとりながら応用問題を作っていけば、きっと子どもたちは興味を持って、楽しく、生き生きと勉強するだろう。そんなテストが話題になれば、親たちも味方になって、教師にも子どもにも声援をおくるだろう。何をテストに出そうかと考えれば、授業への教師の取り組み姿勢も前向きになるだろう。これは、やろうと思えばできることだ。評価を、市販テストなど外部テストから、教室の中に取り戻すこと。たわいもないことのように見えるが、とてつもない可能性を秘めた意義深いものだと思われる。

もう一つ、日本には学級づくりという教育方法の伝統がある。日本の教師たちは、「協同の知」を知らず知らずのうちに作り出してきた。習熟度別編成を中止し、クラス仲間が助け合うような学級を残すこと、これは貴重な日本教育の遺産なのだと思われる。

本書は、朝日新聞社書籍編集部の林智彦さんからいただいた仕事である。林さんの手紙には、教育制度をどう変えるかに多くの議論が集中しているけれども、「どんな立派な学習指導要領やシステムができても、現場の先生や児童生徒の意欲や活力が削がれるようでは無意味です」「何よりもそんなに頻繁に制度や方針を変えたら現場は混乱してしまうと思います」と書かれていた。この言葉にひかれ、もちろん願ってもない機会でもあり、即座にお引き受けした。ところが、原稿を書き上げたときには、約束の期日を数か月も過ぎており、林さんも担当部署を異動されていた。急きょ原稿を引き継いで企画をまとめ、新たに編集を担当していただいたのは岡恵里さんである。また、岡さんとともに原稿を本にするまで複雑で綿密な作業をしていただいたのは大瀧陽美さんである。三人のおかげで本書が出版できることになった。厚くお礼申し上げたい。

最後に、この書ができあがったのは、筆者の勤務する都留文科大学が自由な雰囲気の中で研究と教育を保障していてくれるからである。二〇〇五年には、筆者は六度も海外に研究に出かけた。授業と大学運営の合間を縫ってのことであるが、自らが知りたいと思うことを追求し、フィンランド教育に関する知識を集め、確認し、その意味を考え、文字通り「社会構成主義」を実践した充実した一年だった。

この書が日本の教育を改革する一助になり、子どもたちの人生と教師の仕事が今以上に尊重されるようになれば幸いである。

〈追記〉第七刷にさいして、特別支援教育に関する記述等に修正を加えた。

註（URLは二〇〇六年四月一八日現在）

はじめに

（1）フィンランド教育組合（OAJ : Opetusalan Ammattijarjesto : Trade Union of Education in Finland）は、基礎学校の教師、教育学部の学生、退職教師、大学教員、保育士、職業学校教師からなり、フィンランドの現役教師の九五％以上を組織する。筆者が三度インタビューしたマリヤッタ・メルト（Marjatta Melto）さんは、教育資質維持担当参事（special advisor）という肩書きで、教師の行う教育の質を維持、発展させることを専門に担当している。外国の教育の質にかかわって国際学力調査などにも関与するので、国際部長のような役もこなしている。
フィンランド教育組合が教師のほとんどを組織しているという点から、マリヤッタ・メルト参事は教育現場の事情に詳しく、かつ大きな影響を及ぼす立場にある。彼女と忌憚《きたん》なく意見を交わすことができたので、フィンランドの教育の奥の意味を探ることができたと考えている。ちなみに、書記長などと呼ばずに参事（advisor）というのは、地位による行政的・命令的な関係を変えようという社会的な姿勢を表しているのであろう。

1　PISAの測った学力

（1）「日教組第52次全国教研記念講演」『日本の教育・第52集』アドバンテージサーバー、二〇〇三年。または日本教職員組合編『どうなる、どうする。世界の学力、日本の学力――日教組第52次全国教研・特別分科会「学力問題」記念講演とシンポジウムより』アドバンテージサーバー、二〇〇三年、一六ページ。
（2）西村和雄、戸瀬信之編訳の、アメリカ教育省ほか『アメリカの教育改革』（京都大学学術出版会、二〇〇四年）の宣伝用の帯には「『ゆとり教育批判』の起点―レーガンに始まり現在まで、持続する正しい教育への回帰」と銘打ってある。
（3）国立教育政策研究所編『生きるための知識と技能―OECD生徒の学習到達度調査（PISA）二〇〇〇年調査国際結果報告書』ぎょうせい、二〇〇二年、一〇ページ。
（4）PISA. *Knowledge and Skills for Life : First Results from PISA 2000*. OECD, p.27.
（5）国立教育政策研究所編『日本の教育が見える―教育インディケータ事業（INES）と生徒の学習到達度調査（PISA）二〇〇〇年調査結果から掘り下げる日本の教育の現状―アンドレア・シュライヒャーOECD教育局指標分析課長講演より』一〇ページ。
（6）国立教育政策研究所編『日本の教育が見える』前掲、一二ページ。
（7）長崎県教育委員会『児童生徒の「生と死」のイメージに関する意識調査』二〇〇五年一月二四日、五ページ。対象は、小四、六、中二。http : //www.pref.nagasaki.jp/edu/gikai/contents/teirei/200501/isikityousa.pdf
（8）PISA2000の調査の基準を定めたものがPISA『生徒の知識・技能の測定―新しい評価の枠組

み』（ＯＥＣＤ、一九九九年、英文）であり、その結果を分析したものが国立教育政策研究所編『生きるための知識と技能』（ぎょうせい、二〇〇二年）およびＰＩＳＡ『人生への知識と技能―ＰＩＳＡ２０００の最初の結果』（ＯＥＣＤ、二〇〇一年、英文）である。二〇〇二年の追調査とつきあわせた分析が、ＰＩＳＡ『明日の世界に向けたリテラシー技能―ＰＩＳＡ２０００にみる未来の結果』（ＯＥＣＤ、二〇〇三年、英文）である。巻末年表を参照のこと。

同様にＰＩＳＡ２００３の調査の基準を定めたものが、ＰＩＳＡ『ＰＩＳＡ２００３年調査　評価の枠組み―ＯＥＣＤ生徒の学習到達度調査』（ぎょうせい、二〇〇四年）であり、その結果を分析したものが国立教育政策研究所編『生きるための知識と技能②』（ぎょうせい、二〇〇四年）およびＰＩＳＡ『明日の世界に向けた学習―ＰＩＳＡ２００３にみる主要な結果』（ＯＥＣＤ、二〇〇四年、英文）である。

（9）『何が学校改革を実現するのか―ＰＩＳＡのプリズムを通して学校制度を見る』二〇〇四年。PISA. *What Makes School Systems Perform?: Seeing School Systems Through The Prism Of Pisa.* OECD, p.3.

（10）日本教職員組合編『どうなる、どうする。世界の学力、日本の学力』前掲、二五ページ。

（11）国立教育政策研究所編『日本の教育が見える』前掲、一三ページ。

（12）日本教職員組合編『どうなる、どうする。世界の学力、日本の学力』前掲、二四ページ。

（13）前掲書、二五ページ。

（14）前掲書、二〇ページ。

（15）国立教育政策研究所編『日本の教育が見える』前掲、二三ページ。

（16）前掲書、二〇ページ。

（17）前掲書、一七ページ。

2　世界一の秘密

（1）『国際競争力報告書二〇〇五―二〇〇六』World Economic Forum. *The Global Competitiveness Report 2005-2006.* http : //www.weforum.org/pdf/Global_Competitiveness_Reports/Reports/GCR_05_06/Executive_Summary ただし、World Economic Forum のホームページ（http : //www.weforum.org/）より入る。

（2）『ユール・アクティヴ』二〇〇四年一二月八日。*EurActiv.com : EU News, Policy Positions & EU Actors Online.*

（3）『何が学校改革を実現するのか―ＰＩＳＡのプリズムを通して学校制度を見る』。PISA. *What Makes School Systems Perform? Seeing School Systems Through The Prism Of Pisa.* OECD. 2004.

（4）フィンランド国家教育委員会「フィンランドがＰＩＳＡで成功した背景」二〇〇四年一二月七日。Finnish Natinal Boad of Education. *Background for Finnish PISA success.* 2004.12.07. http : //www.edu.fi/english/page.asp?path=500,571,36263

（5）トゥーラ・ハータイネン教育大臣「ＰＩＳＡの結果、低学力の改善の刺激に」二〇〇四年一二月七日。Minister Tuula Haatainen. *PISA Findings : An Incentive for Improving Low Achivers' Learning.* http : //www.minedu.fi/minedu/news/pr/2004/Minister_OECD_PISA2003.html

（6）Salla Korpela. *Free schooling for all : The Finnish school system support lifelong learning.* http : //www.virtual.finland.fi/netcomm/news/showarticle.asp?intNWSAID=41557

（7）Suomen Laki. *Opetustoimen Lainsaadanto 2005.* Talentum Media Oy, Helsihki, 2005.

（8）OECD. *Polytechnic Education in Finland.* 2003, Paris, p.61.

（9）Kirsi Lindroos. *Words of Welcome.* "*Finland in PISA-Studies —Factors Contributing to the Results*", International Seminar, Helsinki, 10 October 2005.

（10）『何が学校改革を実現するのか―PISAのプリズムを通して学校制度を見る』。PISA. *What Makes School Systems Perform?: Seeing School Systems Through The Prism Of Pisa.* OECD, p.14.

（11）Jouni Välijärvi, Pirjo Linnakylä, Pekka Kupari, Pasi Reinikainen, Inga Arffman. *The Finnish Success in PISA-and Some Reasons behind it,* PISA 2000. *Jyväskylä,* 2002. p.41.

（12）日本教職員組合編『どうなる、どうする。世界の学力、日本の学力―日教組第52次全国教研・特別分科会「学力問題」記念講演とシンポジウムより』アドバンテージサーバー、二〇ページ。

（13）国立教育政策研究所編『日本の教育が見える―教育インディケータ事業（ＩＮＥＳ）と生徒の学習到達度調査（ＰＩＳＡ）二〇〇〇年調査結果から掘り下げる日本の教育の現状―アンドレア・シュライヒャーＯＥＣＤ教育局指標分析課長講演より』二一ページ。

（14）国立教育政策研究所編『生きるための知識と技能②』ぎょうせい、二〇〇四年、二八七ページ。ただし日本では、高校一年生の七月に調査をするために、直前の三月までの状態よりは学校間分散が大きく、学校内分散が小さく出てくる。

（15）「楽園とヘルシンキ」『ガーディアン』紙、二〇〇三年九月一六日付。Heaven and Helsinki. *Guardian,* Tuesday September 16, 2003. http://education.guardian.co.uk/schools/story/0,5500,1042479,00.html

（16）「教育は経済競争に勝ち残る鍵」『ＢＢＣニュース』二〇〇四年一一月二三日付。Sean Coughlan. Education key to economic survival. *BBC News World Edition.* Tuesday, 23 November, 2004. http://news.bbc.co.uk/

2/hi/uk_news/education/4031805.stm

(17) 西島徹「フィンランド報告2」『読売新聞』二〇〇五年三月二四日。

(18) Jouni Välijärvi, Pirjo Linnakylä, Pekka Kupari, Pasi Reinikainen, Inga Arffman. *The Finnish Success in PISA-and Some Reasons behind it,* PISA 2000. Jyväskylä, 2002. p.40.

(19)『タイムズ』紙、二〇〇三年七月二日。同様の記事は、『タイムズ教育版』二〇〇三年七月四日にも。

(20) 鵜澤希伊子『続・素顔のフィンランド抄』文芸社、二〇〇三年、一九七〜一九八ページ。

(21)『教育総研・第三次海外教育視察団報告書』二〇〇三年。

(22)「楽園とヘルシンキ」『ガーディアン』紙二〇〇三年九月一六日、前掲。

(23) Eurydice, *The Education System in Finland,* 2002/2003. ch.4.10.

(24)「個人の能力に柔軟対応　義務教育「世界一」の現場」『朝日新聞』二〇〇四年一二月一九日。

(25) Finnish National Board of Education. *National Core Curriculum for Basic Education 2004.* Vammalan Kirjapaino Oy, Vammala, 2004, pp.36-41.

(26) Kristiina Erkkila. *Entrepreneurial Education : Mapping the Debate in the United State, the United Kingdom and Finland.* Garland, 2000.

(27)『図表でみる教育―OECD　インディケーター（二〇〇四年版）』明石書店、二〇〇四年、三九九、四〇二ページ。

(28) 国立教育政策研究所編『日本の教育が見える』前掲、二四ページ。

3　フィンランドの子どもたちはなぜよく学ぶか

（1）エンゲストローム『拡張による学習』新曜社、一九九九年、一四六ページ。
（2）佐柳理奈「『知識使い何を成す』子ども自身が課題決め学習」『毎日新聞』二〇〇五年一一月七日。この学校は本書一六二〜一六九ページに紹介する学校と同一である。
（3）ルビンシュテイン、レオンチェフほか『人格・能力の発達論争』明治図書、一九七九年。
（4）植田、岡田編『協同の知を探る』共立出版、二〇〇〇年、一三七ページ。
（5）『転換期の社会と働く者の生活―「人間開花社会」の実現に向けて』http://www.mhlw.go.jp/shingi/2004/07/s0720-1.html
（6）Ari Antikainen ; Jarmo Houtsonen ; Juha Kauppila ; Hannu Huotelin. *Living in a Learning Society.* Falmer Press, 1996.
（7）ヴィゴツキー『思考と言語』上、明治図書、一九六二年。同『「発達の最近接領域」の理論』三学出版、二〇〇三年。
（8）「個人の能力に柔軟対応　義務教育「世界一」の現場」『朝日新聞』二〇〇四年一二月一九日。
（9）同右
（10）鵜澤希伊子『続・素顔のフィンランド抄』文芸社、二〇〇三年、二〇二ページ。
（11）国立教育政策研究所編『日本の教育が見える―教育インディケータ事業（ＩＮＥＳ）と生徒の学習到達度調査（ＰＩＳＡ）二〇〇〇年調査結果から掘り下げる日本の教育の現状―アンドレア・シュライヒャ

—OECD教育局指標分析課長講演より』二〇ページ。

（12）国立教育政策研究所編『生きるための知識と技能②』ぎょうせい、二〇〇四年、一三七ページ。

（13）国立教育政策研究所編『日本の教育が見える』前掲、一六ページ。

（14）「楽園とヘルシンキ」『ガーディアン』紙、二〇〇三年九月一六日。Heaven and Helsinki. *Guardian,* Tuesday September 16, 2003. http : //education.guardian.co.uk/schools/story/0,5500,1042479,00.html

（15）「楽園とヘルシンキ」『ガーディアン』紙、同前。

（16）「ダグ・マッカボイ氏のスピーチ全文」『ガーディアン』紙、二〇〇三年一月三〇日。Full speech from Doug McAvoy. *Guardian,* Thursday January 30, 2003. http : //education.guardian.co.uk/schools/story/0,5500,884859,00.html

4　フィンランドの教育背景

（1）『オブザーバー』紙、二〇〇五年九月二五日。Alex Duval Smith. Inside the best school in the world. *The Observer,* Sunday September 25, 2005. 以下に再録、*Guardian,* http : //observer.guardian.co.uk/international/story/0,6903,1577761,00.html?gusrc=rss

（2）EDU/CERI/DDD(2005)5

（3）Salla Korpela. *The Finnish school - a source of skills and well-being.* http : //virtual.finland.fi/netcomm/news/showarticle.asp?intNWSAID=30625　学校独自のホームページは http : //www.str.edu.hel.fi で、カリキュラム表なども紹介されている。

（4）国立教育政策研究所編『生きるための知識と技能―ＯＥＣＤ生徒の学習到達度調査（ＰＩＳＡ）二〇〇〇年調査国際結果報告書』ぎょうせい、八二ページ。

（5）フィンランド航空機内誌『kiitos』No.22, 2005.

（6）西島徹「フィンランド報告1」『読売新聞』二〇〇五年三月二三日

（7）西島徹「フィンランド報告1」同前。

（8）Juha Rikama. *Lukion kirjallisuudenopetus 1900-luvun jälkipuoliskon Suomessa : opettajien arviointien valossa.* Suomalaisen Kirjallisuuden Seura, Helsinki, 2004.

（9）Jouni Välijärvi, Pirjo Linnakylä, Pekka Kupari, Pasi Reinikainen, Inga Arffman. *The Finnish Success in PISA-and Some Reasons behind it, PISA* 2000. Jyväskylä, 2002. p.17.

（10）National Board of Education. *Luku-Suomi.* http://www.oph.fi/SubPage.asp?path=1,443,3218,4160

（11）Riita Eskelinen & Marjukka Puustinen. *Luku-Suomi : a National Program for Improving Literacy and School Libraries in Finland.* http://www.suomenkoulukirjastoyhdistys.fi/Parnumarjukka.ppt ただし、Developing school libraries in the city of Espooというホームページから入る。

（12）山川亜古「多文化の社会の言語的人権を保障する学校教育」庄井、中嶋編『フィンランドに学ぶ教育と学力』明石書店、二〇〇五年。

（13）だがこれは英語による区別の問題で、フィンランド語ではäidinkieliになっていて、これを「母語」と訳すか「祖語」と訳すかの違いになっている。英文は、Basic Education Act 628/1998. (http://www.finlex.fi/en/laki/kaannokset/1998/en19980628.pdf)。フィンランド文は、Suomen Laki. *Opetustoimen Lainsäädäntö.* Talentum Media OY, Helsinki, 2005など。

(14) Olli Luukkainen, *Teachers in 2010 : Anticipatory Project to Investigate Teachers' Initial and Continuing Training Needs (OPEPRO). Summary of Final Report.* National Boad of Education, Finland, 2000, pp.59-60.

(15) PISA. *Knowledge and Skills for Life : First Results from PISA 2000.* OECD, p.48.

(16) op. cit.

(17)『教育総研・第三次海外教育視察団報告書』二〇〇一年。

(18) Katri Kuukka. *Multicultural Education in Helsinki City.* Education Department of City of Helsinki,2005,p2.

(19) Salla Korpela. *Free schooling for all : The Finnish school system support lifelong learning.* http : //www.virtual.finland.fi/netcomm/news/showarticle.asp?intNWSAID=41557

(20) 日本教職員組合編『どうなる、どうする。世界の学力、日本の学力―日教組第52次全国教研・特別分科会「学力問題」記念講演とシンポジウムより』アドバンテージサーバー、一七ページ。

(21) 山田真知子『働き方で地域を変える―フィンランド福祉国家の取り組み』公人の友社、二〇〇五年、二八～二九ページ。

5 世界標準の学力に向けて

(1) success に対応する日本語は、成就ないし自己実現であろう。文脈の関係で、「うまくいく」と訳すことにする。

(2) D.S.Rychen and L.H.Salganik (eds.). *Key Competencies for a Successful Life and a Well-Functioning Soci-*

ety. Hogrefe & Huber, Göttingen, Germany. 2003, p.5

（3）D.S.Rychen and L.H.Salganik (eds). *Defining and Selecting Key Competencies.* Hogrefe & Huber, Göttingen, Germany. 2001.その下敷きとなったのは、L.H.Salganik； D.S.Rychen；U.Moser；J.Konstant, *Project on competencies in the OECD context : Analysis of theoretical and conceptual foundations.* Neuchâtel, Switzerland : Swiss Federal Statictical Office. 1999.

（4）提出国は、オーストリア、ベルギー（フラマン語圏）、デンマーク、フィンランド、フランス、ドイツ、オランダ、ニュージーランド、ノルウェー、スウェーデン、スイス、アメリカである。これらは、ＤｅＳｅＣｏのホームページ（http : //www.portal-stat.admin.ch/deseco/news.htm）から「Country Contribution Process」のファイルに入ると閲覧できる。

（5）OECD. *Definition and Selection of Competencies (DeSeCo) : Theoretical Foundations : Strategy paper.* 2002. http : //www.portal-stat.admin.ch/deseco/deseco_annual_report_2001.pdf

世界銀行の立場は、*Expanding Opportunities and Building Competencies for Young People : A New Agenda for Secondary Education.* World Bank, 2005.

ユネスコの立場は、D.S.Rychen, A.Tiana. *Developing Key Competencies in Education : Some Lessons from International and National Experience.* UNESCO； IBE, 2004.

（6）Directorate-General for Education and Culture of European Commission. *Key Competencies.* Eurydice European Unit, October 2002. http://www.eurydice.org/Documents/survey5/en/KComEN03.pdf

（7）D.S.Rychen and L.H.Salganik (eds.). *Key Competencies for a Successful Life and a Well-Functioning Society.* Hogrefe & Huber, Göttingen, Germany, 2003.

（8）reflect, reflection, reflectiveness については、反省、内省、省察の訳が当てられるが、教育界では省察の訳がゆきわたっているのでそれにならうことにする。そのもとは、ドナルド・ショーン『専門家の知恵』（ゆみる出版、二〇〇一年）の邦訳にあるようだ。原語は、Donald A.Schön. *The Reflective Practitioner*. Basic Books, 1983. ちなみにデカルトの『省察』は、Mediatione（英語の mediation）の訳である。

（9）国立教育政策研究所編『日本の教育が見える―教育インディケータ事業（ＩＮＥＳ）と生徒の学習到達度調査（ＰＩＳＡ）二〇〇〇年調査結果から掘り下げる日本の教育の現状―アンドレア・シュライヒャーＯＥＣＤ教育局指標分析課長講演より』一〇ページ。

同じくＰＩＳＡ側の要約によると、以下のようになる。

「すなわち、第一に諸個人は、情報テクノロジーという個体的道具と、言語の使用という社会・文化的道具との両方の、環境と効果的に相互交流するために広範な道具を利用できることである。諸個人は自分自身の目的にこのような道具を適用する、つまり道具を相互交流的に使用するためにこのような道具を十二分に理解することが必要である。第二に、ますます相互依存する世界の中で、諸個人は他人と交流ができることである。さらに、広い背景をもった人々と出会うので、異質集団の中で相互交流できることが重要である。第三に、諸個人は自分自身の生活に対して責任をとり、自己の生活を広域の社会的文脈の中に置き、自律して行動することができることである」（PISA. *The Definition and Selection of Key Competence : Executive Summary*. p.5. http : //www.pisa.oecd.org/dataoecd/47/61/35070367.pdf）

（10）*Report from the Education Council to the European Council : The concrete future objectives of educational and training systems*. http : //europa.eu.int/eur-lex/pri/en/oj/dat/2002/c_142/c_14220020614en00010022.pdf

なお、「教育と訓練二〇一〇」については、"*Education & Training 2010*" *The success of the Lisbon Stra-*

tegy hinges on urgents reforms : Draft joint interim report on the implementation of the detailed work programme on the follow-up of the objectives of education and training systems in Europe. (SEC(2003)1250) Brussels, 11.11.2003. COM(2003)685 final. http : //europa.eu.int/comm/education/policies/2010/doc/com_2003_685-a1_23013_en.pdf

(11) レポート提出国は、ベルギー（フランス語圏、ドイツ語圏、フラマン語圏）、デンマーク、ドイツ、ギリシャ、スペイン、フランス、アイスランド、イタリア、ルクセンブルク、オランダ、オーストリア、ポルトガル、フィンランド、スウェーデン、英国（イングランド、ウェールズ、北アイルランド、スコットランド）である。「ヨーロッパ教育情報ネットワーク・ヨーロッパ・ユニット」は、ＥＵ以外にも、当時の加盟国であるエストニアにレポートを求めたが、このレポートはインターネットで公開されただけだったので、正式な報告書とは見なされなかった。

(12) Directorate-General for Education and Culture of European Commission. *Key Competencies.* Eurydice European Unit. である。報告書の原稿は二〇〇二年の一〇月に完成しており、出版が二〇〇三年二月となっている。同時にインターネットでも公開された（http : //www.eurydice.org/Documents/survey5/en/KComEN03.pdf）。また、記者会見用の報告書要約も用意された（Eurydice. *Press release : Key competencies : A developing concept in general compulsory education.*）。

(13) Ibid, p.11.

(14) Ibid, p.19.

(15) Ibid, p.20.

(16) European Commission. *Key competences for lifelong learning in Europe : Frequently asked questions.* http :

//europa.eu.int/rapid/pressReleasesAction.do?reference=MEMO/05/416&format=HTML&aged=0&language=EN&guiLanguage=en

（17）ＰＩＳＡ側のＤｅＳｅＣｏ計画報告の要約・紹介として、PISA. *The Definition and Selection of Key Competencies : Executive Summary.* http : //www.pisa.oecd.org/dataoecd/47/61/35070367.pdf

（18）二〇〇三年一月の日本教職員組合の全国教育研究集会・特別分科会における講演。この講演記録は、日本教職員組合編『どうなる、どうする。世界の学力、日本の学力―日教組第52次全国教研・特別分科会「学力問題」記念講演とシンポジウムより』アドバンテージサーバー、二〇〇三年。および『日本の教育52』同。

同様の発言は、同年一一月に文部科学省と国立教育研究所の主催で開催された講演会でも繰り返された。この講演記録が、国立教育政策研究所編『日本の教育が見える』前掲、である。

（19）「『学力』の意味と捉え方―時代背景とその変遷の検討を通じて」二〇〇五年四月一六日、東京教育工学研究会・月例研究会にて発表。http : //www.sunfield.ne.jp/~tack2/04kotohreport.pdf　なお彼は、「キー・コンピテンス」と言っている。

（20）中央教育審議会『教育内容等小委員会審議経過報告』文部省、一九八三年一一月一五日、四～一〇ページ。

（21）臨時教育審議会『教育改革に関する答申』大蔵省印刷局、一九八七年、二七八ページ。

（22）中央教育審議会『二一世紀を展望した我が国の教育の在り方について』一九九六年七月一九日、第一部（3）。http : //www.mext.go.jp/b_menu/shingi/12/chuuou/toushin/960701.htm

（23）斎藤貴男『機会不平等』文藝春秋、二〇〇〇年、四〇ページ。

（24）国立教育政策研究所編『日本の教育が見える』前掲、一四ページ。

〈設問１の答〉

２％程度の増加であるが、これだけのデータでは激増と判断することはできず、レポーターの発言は適切でない。

〈設問２の答〉

問１　最小値は、40＋14＋16＋10＝80、最高値65＋36＋16＋20＝137。二つともできて完全正答。一つできて、部分正答。

問２　D12　３×２×１×２＝12

問３　正答は、デッキ65ゼット、車軸のセット14ゼット、トラックのセット16ゼット、金具のセット20ゼット。最高価格が137ゼットであったので、そこから　137－120＝17（ゼット）以上減らす場合を考えると速く解ける。減らす量を小さい順番に見ていくと、65－60＝５、20－10＝10、この組み合わせが５＋10＝15、そして、36－14＝22。ここで17を超える。そこで、最高価格の組み合わせから車輪４個のセットを変更すればよいことになる。137－22＝115　もしくは　65＋14＋16＋20＝115　と計算する。

〈設問３の答〉

問１　170.6－2.3＝168.3 cm

問２　「傾きが小さくなっている」「カーブが下がっている」「年平均の増加が小さい」などとグラフの様子が説明できていれば正解。

問３　「11歳と13歳の間」「11歳から13歳まで」と幅をもたせると正解。

〈設問４の答〉

問１　B

問２　落書きと広告を同列視（もしくは比較）することで、落書きを擁護しようという手段に使っている。

問３　採点基準は、課題文の引用だけではなく、内容に触れながら説得力ある解釈をしていること。

問４　採点基準は、手紙の文体、議論の組み立て、議論の説得力、論調、使用している用語、読み手に訴える特徴などを説明してどちらがよいかを判断していること。どちらを支持していてもよい。

近年の学力問題史年表

1998〜1999年	
教育情勢と学力問題	主な学力調査
1999年４月　文部省『新しい学習指導要領で学校は変わります』	1999年２月　TIMSS（第３回・追調査）が実施される。中２が対象。数学と理科について調査
学力問題に関する主要文献（本書に関連の深いものに限る） OECD 新国際教育指標開発『人生への準備は万全？－OECD 新国際教育指標開発』学文社、1998年５月 PISA. *Measuring Student Knowledge and Skills : A New Framework for Assessment.* OECD, 1999.	

2000年	
教育情勢と学力問題	主な学力調査
１月　全国教育研究集会（全教）にて、陰山英男の兵庫県朝来町立山口小学校における実践報告 ３月「21世紀日本の構想」懇談会報告書『日本のフロンティアは日本にある』 ９月　京都経済同友会『世紀末の日本と教育改革（緊急提言）』 10月　大島文相が「ゆとり」教育を擁護 11月　大学審議会答申『グローバル化時代に求められる高等教育の在り方について』 12月　教育改革国民会議報告『教育を変える17の提案』	７月　PISA2000が実施される。高校１年生が対象。読解力が主要調査分野で、ほかに数学的リテラシーと科学的リテラシーも
主要文献 「21世紀日本の構想」懇談会報告書『日本のフロンティアは日本の中にある―自立と協治で築く新世紀』講談社 OECD『ラーニング革命―IT＝情報技術によって変わる高等教育』エルコ OECD『学力低下と教育改革―学校での失敗と闘う』アドバンテージサーバー 植田一博、岡田猛編著『協同の知を探る―創造的コラボレーションの認知科学』共立出版	

大瀬敏昭、佐藤学『学校を創る—茅ヶ崎市浜之郷小学校の誕生と実践』小学館
岡部恒治、西村和雄、戸瀬信之編『小数ができない大学生—国公立大学も学力崩壊』東洋経済新報社
苅谷剛彦、木村涼子、浜名陽子、酒井朗『教育の社会学—「常識」の問い方、見直し方』有斐閣
斎藤貴男『機会不平等』文藝春秋
佐藤学、新潟県長岡市立南中学校『地域と共に“学校文化”を立ち上げる』明治図書出版
佐藤学『授業を変える学校が変わる—総合学習からカリキュラムの創造へ』小学館
佐藤学『「学び」から逃走する子どもたち』岩波書店
長尾彰夫、浜田寿美男編『教育評価を考える—抜本的改革への提言』ミネルヴァ書房
長尾彰夫『学校づくりと人権総合学習—総合的学習の開拓』明治図書出版
西村和雄、和田秀樹『「勉強嫌い」に誰がしたのか』PHP 研究所
藤田英典、志水宏吉編『変動社会のなかの教育・知識・権力—問題としての教育改革・教師・学校文化』新曜社
和田秀樹、寺脇研『どうする学力低下—激論：日本の教育のどこが問題か』PHP 研究所

2001年

教育情勢と学力問題	主な学力調査
1月　文部省の混乱（町村信孝文相はゆとり教育の堅持、小野元之文部科学次官はゆとり教育を抜本的に見直すと発言） 行政改革の一環として中央省庁の再編が行われ、文部省と科学技術庁が統合され、文部科学省となった 文科省「21世紀教育新生プラン」 3月　閣議決定『規制改革推進3ヶ年計画』 4月　文部科学省が正式に少人数加配を認める（3月30日法改正） 文科省は中教審に常設の教育課程部会を設置して、学習指導要領の不断の見直しを行う態勢に入る	

主要文献
D.S.Rychen & L.H.Salganik (eds). *Defining and Selecting Key Competencies*. Hogrefe & Huber.

PISA. *Knowledge and Skills for Life: First Results from PISA 2000.* OECD.
岡部恒治、戸瀬信之、西村和雄『算数ができない大学生―理系学生も学力崩壊』東洋経済新報社
陰山英男『学力の基礎は読み書き計算にある―徹底反復・山口小学校の授業実践』小学館
加藤幸次、高浦勝義『学力低下論批判―子どもが“生きる”学力とは何か』黎明書房
苅谷剛彦『階層化日本と教育危機―不平等再生産から意欲格差社会（インセンティブ・ディバイド）へ』有信堂高文社
苅谷剛彦『「学歴社会」という神話―戦後教育を読み解く：NHK 人間講座』日本放送出版協会
岸本裕史、陰山英男『やっぱり「読み・書き・計算」で学力再生―兵庫県・山口小学校10年の取り組み』小学館
国立教育政策研究所編『数学教育・理科教育の国際比較―第3回国際数学・理科調査の第2段階調査報告書』ぎょうせい
左巻健男、苅谷剛彦編『理科・数学教育の危機と再生』岩波書店
佐藤学『学力を問い直す―学びのカリキュラムへ』岩波書店
『小学校がたいへん！―教師たちが語る「学力低下問題」の本当の事情』宝島社
新教育基本法検討プロジェクト編、加藤寛、八木秀次、渡部昇一、屋山太郎、和田秀樹、石井威望、江口克彦『教育は何を目指すべきか―新・教育基本法私案』PHP 研究所
戸瀬信之、西村和雄『大学生の学力を診断する』岩波書店
寺脇研『21世紀の学校はこうなる―“ゆとり教育”の本質はこれだ』新潮社
寺脇研『対論：教育をどう変えるか』学事出版
中井浩一編『論争・学力崩壊　2003』中央公論新社
西村和雄編『学力低下が国を滅ぼす―教育が危ない』日本経済新聞社
西村和雄『学力低下と新指導要領』岩波書店
西村和雄『ゆとりを奪った「ゆとり教育」―教育が危ない』日本経済新聞社
西村和雄編『「本当の生きる力」を与える教育とは―教育が危ない』日本経済新聞社
藤田英典『新時代の教育をどう構想するか―教育改革国民会議の残した課題』岩波書店
プロ教師の会『なぜ授業は壊れ、学力は低下するのか―プロ教師は主張する』洋泉社
和田秀樹『学力再建―わが子、そして日本の未来のために』PHP 研究所

2002年	
教育情勢と学力問題	主な学力調査
1月　文科省「確かな学力向上のため	1～2月　文科省は2001年度「小中学

の2002アピール・学びのすすめ」 4月　学校週5日制・「総合的な学習の時間」正式スタート 9月　文科省初等中等教育局・教科書課長「教科用図書検定規則実施細則の一部改正について（通知）」。「発展的な内容」を認知する 12月　文科省は2001年度「小中学校教育課程実施状況調査」の結果を教科への示唆無しで公表。文科省は「おおむね良好」と結論づけたが、低学力批判の声が強く、その後、「学力が向上していないことは確か」（遠山文科相、17日）と訂正し、詳しい分析をすると約束した	校教育課程実施状況調査」を実施。旧学習指導要領の成果を測定するもの。小・中学校については、文部省が1993～1995年度に実施した学力調査以来のこと。過去問はこれと比較。規模の大きさは、1960年代の学力調査（いわゆる「学テ」）以来のこと 11月　文科省2002年度「高等学校教育課程実施状況調査」（国、数、理、英）が実施される。2003年11月とに分けて調査した。高校については、最初の試みである

主要文献

OECD『未来の学校教育』技術経済研究所

OECD『世界の教育改革－OECD 教育政策分析』明石書店

OECD/OECD 教育研究革新センター『図表でみる教育－OECD インディケータ（2002年版）』明石書店

PISA. *Reading for Change : Performance and Engagement Across Countries : Results from PISA 2000.* OECD.

PISA. *Sample Tasks from the PISA 2000 Assessment : Reading, Mathematical and Scientific Literacy.* OECD.

市川伸一『学力低下論争』筑摩書房

小塩隆士『教育の経済分析』日本評論社

尾木直樹『「学力低下」をどうみるか』日本放送出版協会

陰山英男『子供は無限に伸びる―ある公立小学校教師の「学力再生」実践記』PHP 研究所

陰山英男『本当の学力をつける本―学校でできること　家庭でできること』文藝春秋

陰山英男『「読み・書き・計算」で学力再生―新訂増補版』小学館

苅谷剛彦『教育改革の幻想』筑摩書房

苅谷剛彦、清水睦美、志水宏吉、諸田裕子『調査報告「学力低下」の実態』岩波書店

小松夏樹『ドキュメント　ゆとり教育崩壊』中央公論新社

ジェームズ・W・スティグラー、ジェームズ・ヒーバート『日本の算数・数学教育に学べ―米国が注目する jugyou kenkyuu』教育出版

国立教育政策研究所編『生きるための知識と技能―OECD 生徒の学習到達度調

査（PISA）、2000年調査国際結果報告書』ぎょうせい
多田野清志『学力低下スパイラル』文芸社
長尾彰夫、野口克海、宮田彰、志水宏吉、本田由紀、堀家由妃代『「学力低下」批判―私は言いたい６人の主張』アドバンテージサーバー
長尾彰夫『カリキュラムづくりと学力・評価―21世紀型授業づくり』明治図書出版
中村忠一『大学崩壊と学力低下で専門学校の時代が来た』エール出版社
中野重人『"学力低下論"と"ゆとり教育"―どちらが"出来ない子"に心痛める教育か』明治図書出版
藤井千春『総合学習で育てる学力ストラテジー―子どもたちに自分の「学びの物語」を生み出させる』明治図書出版
藤澤伸介『ごまかし勉強〈上〉学力低下を助長するシステム』新曜社
無藤隆『「学力低下論」への挑戦―新教育課程での学校・家庭・地域の在り方を探る』ぎょうせい
吉川成夫『本当の学力がつく「新しい算数」―学力低下はホンモノか』小学館
和田秀樹『「ゆとり教育」から子どもをどう守るか』講談社
和田秀樹『「ゆとり教育」から我が子を救う方法』東京書籍

2003年

教育情勢と学力問題	主な学力調査
3月　中央教育審議会答申『新しい時代にふさわしい教育基本法と教育振興基本計画の在り方について』 4月　文科省、少人数学級編成を認める通知 5月　文科省は2001年度「小中学校教育課程実施状況調査」の結果を教科の分析を含めて公表 10月　中央教育審議会『初等中等教育における当面の教育課程及び指導の充実・改善の方策について(答申)』。いわゆる「はどめ規定」を解除し、「学習指導要領に示されていない内容を指導することも可能」と解釈変更した 12月　文科省、学習指導要領一部改正。学習指導要領の範囲をこえた「発展的な内容」を教えてもかまわないと追加した。同時に、「総合的な学習の時間」の一層の充実も述べるが、	2月　TIMSS2003が実施される。小学４年生（前回は1995年）、中学２年生（前回は1999年）を対象に実施 7月　PISA2003が実施される。高校１年生が対象。数学的リテラシーを主要調査分野とし、ほかに読解力、科学的リテラシー、さらに問題解決能力も調査対象に加えた 11月　文科省2003年度「高等学校教育課程実施状況調査」（地歴・公民）が実施される

「個に応じた指導」の一層の充実として、小学校の学習指導要領でも習熟度別編成を促している	

主要文献

D.S.Rychen & L.H.Salganik(eds). *Key Competencies for a Successful Life and a Well-Functioning Society.* Hogrefe & Huber.

IEA. *TIMSS Assessment Frameworks and Specifications 2003.* 2nd edition. International Study Center, Lynch School of Education, Boston College.

Lifelong Learning in the Global Knowledge Economy : Challenges for Developing Countries. World Bank.

OECD/OECD 教育研究革新センター『図表でみる教育－OECD インディケータ(2003年版)』明石書店

PISA. *Learning for Life : Student Approaches to Learning : Results form PISA 2000. OECD.*

PISA. *The Pisa 2003 Assessment Framework : Mathematics, Reading, Science and Problem Solving Knowledge and Skills.* OECD.

PISA. *Literacy Skills for the World of Tomorrow : Further Results form PISA 2000.* OECD and UNESCO.

伊藤隆敏、西村和雄編『教育改革の経済学』日本経済新聞社

稲垣忠彦編『教室から生まれた物語―シリーズ「子どもたちと創る総合学習」』評論社

大瀬敏昭、佐藤学『学校を変える―浜之郷小学校の５年間』小学館

小塩隆士『教育を経済学で考える』日本評論社

陰山英男、小河勝『学力低下を克服する本―小学生でできること　中学生でできること』文藝春秋

陰山英男『学力は家庭で伸びる―今すぐ親ができること41』小学館

陰山英男『「陰山学級」学力向上物語―山口小学校で私が教えたこと、学んだこと』PHP 研究所

陰山英男『陰山メソッド生活ノート―基本的な生活習慣を２か月でしっかり身につけよう！』小学館

陰山英男、和田秀樹『学力をつける100のメソッド』PHP 研究所

陰山英男『陰山メソッド家族の学習奮闘記―30家族の成功例』エクスナレッジ

梶浦真『学力低下より怖い！　学欲低下』教育報道出版社

苅谷剛彦『なぜ教育論争は不毛なのか―学力論争を超えて』中央公論新社

『教育評論』７月号、特集「学力問題を考える」

国立教育政策研究所教育課程研究センター『平成13年度・小中学校教育課程実施状況調査報告書』(小学校・国語、算数、理科、社会は東洋館出版社から、中学校・国語、数学、理科、社会、英語はぎょうせいから発行)

佐藤雅彦、佐藤学編『公立中学校の挑戦―授業を変える学校が変わる』ぎょう

せい
佐藤学『教師たちの挑戦―授業を創る、学びが変わる』小学館
志水宏吉『公立小学校の挑戦―「力のある学校」とはなにか』岩波書店
多田野清志『学力低下スパイラル（Second）』文芸社
ジェリー・H・ギル『学びへの学習―新しい教育哲学の試み』青木書店
田島信元『共同行為としての学習・発達―社会文化的アプローチの視座』金子書房
中井浩一『論争・学力崩壊』中央公論新社
西村和雄編『学力の土台―「期待」を引きだす教育改革』勁草書房
西村和雄編『もうやめろ！ゆとり教育―聞いてほしい、国民の声』日本評論社
日本教職員組合編『どうなる、どうする。世界の学力、日本の学力―日教組第52次全国教研・特別分科会「学力問題」記念講演とシンポジウムより』アドバンテージサーバー
ベネッセコーポレーション「ベネッセが見た教育と学力」日経BP
樋口美雄、財務省財務総合政策研究所、財務総合政策研究所『日本の所得格差と社会階層』日本評論社
吉田甫『学力低下をどう克服するか―子どもの目線から考える』新曜社
和田秀樹『学力崩壊―「ゆとり教育」が子どもをダメにした』PHP研究所
和田秀樹『「勉強が大好きな子」に育てる本―学力を伸ばす17の法則』大和書房

2004年

教育情勢と学力問題	主な学力調査
1月　文科省は、2002年度「高等学校教育課程実施状況調査」の結果を公表 6月　「地方教育行政の組織及び運営に関する法律」が改正され、保護者や地域住民が学校運営に参加する公立学校として「地域運営学校」が認められた 11月　中山文相は、中央教育審議会総会ならびに小泉首相に対して競争意識を高めるために「全国学力テスト」の実施を盛り込んだ義務教育改革私案を提示 12月7日　文科省はPISA2003の結果を公表 12月15日　文科省はTIMSS2003の結果を公表	1～2月　文科省が2003年度「小中学校教育課程実施状況調査」を実施。新学習指導要領、いわゆる「ゆとり教育」のもとで初の学力調査。全国の小中学校から無作為抽出した6138校、45万1000人を対象とした。小学5、6年と中学1、2、3年生で、国語、社会、算数・数学、理科、英語について調査。前回（2001年度）と同一問題もあり 10月　地方分権研究会が主催し、岩手、宮城、和歌山、福岡の各県で、小5と中2を対象に統一テスト（いわゆる4県統一学力テスト）を実施

12月　中央教育審議会初等中等教育分科会の審議まとめ。「総合学習」の充実を求める 文科省は学習指導要領全体の見直しについて、本格的な検討に着手	

主要文献

Completing the Foundation for Lifelong Learning : An OECD Survey of Upper Secondary School. OECD.

D.S.Rychen & A.Tiana, *Developing Key Competencies in Education : Some Lessons from International and National Experience.* UNESCO ; IBE, 2004.

IEA. *TIMSS 2003 International Science Report.* TIMSS & PIRLS International Study Center ; Lynch School of Education, Boston College.

IEA. *TIMSS 2003 International Mathematics Report.* TIMSS & PIRLS International Study Center ; Lynch School of Education, Boston College.

IEA. *TIMSS 2003 Technical Report.* TIMSS & PIRLS International Study Center ; Lynch School of Education, Boston College.

OECD/OECD教育研究革新センター『図表でみる教育－OECDインディケータ(2004年版)』明石書店

OECD『明日の学校教育のシナリオ』協同出版

PISA. *Learning for Tomorrow's World : First Results from PISA 2003.* OECD.

PISA. *What Makes School Systems Perform? Seeing School Systems Through The Prism Of Pisa.* OECD.

PISA. *Problem Solving for Tomorrow's World : First Measures of cross-curricular Competencies PISA 2003.* OECD.

PISA. *Student Engagement at School : A Sense of Belonging and Participation ; Results from PISA2000.* OECD.

朝日新聞教育取材班『教師力』朝日新聞社

岩木秀夫『ゆとり教育から個性浪費社会へ』筑摩書房

陰山英男『奇跡の学力―土堂小メソッド』文藝春秋

陰山英男『陰山英男の「校長日記」―土堂小学校校長一年目の全記録』小学館

梶田正巳編『授業の知―学校と大学の教育革新』有斐閣

川島隆太、陰山英男、杉田久信『驚異の学力づくり』フォーラム・A

加藤十八『アメリカの事例に学ぶ学力低下からの脱却―キャラクターエデュケーションが学力を再生した』学事出版

苅谷剛彦，志水宏吉『学力の社会学―調査が示す学力の変化と学習の課題』岩波書店

『教育評論』７月号、特集「学力問題への新たな視点」

国立教育政策研究所編『PISA2003年調査―評価の枠組み：OECD生徒の学習到達度調査』ぎょうせい

国立教育政策研究所編『日本の教育が見える―教育インディケータ事業（INES）と生徒の学習到達度調査（PISA）2000年調査結果から掘り下げる日本の教育の現状―アンドレア・シュライヒャーOECD教育局指標分析課長講演より』
国立教育政策研究所教育課程研究センター『平成14年度・高等学校教育課程実施状況調査報告書』（国・数・理・英）実教出版
斎藤貴男『教育改革と新自由主義』子どもの未来社
佐藤学『習熟度別指導の何が問題か』岩波書店
ジェフ・ウィッティー『教育改革の社会学―市場、公教育、シティズンシップ』東京大学出版会
清水克彦著、和田秀樹編『わが子を名門小学校に入れる法』PHP研究所
橘木俊詔、斎藤貴男、苅谷剛彦、佐藤俊樹『封印される不平等』東洋経済新報社
テリー伊藤、和田秀樹『お笑いニッポンの教育』PHP研究所
長尾彰夫『特色ある学校づくりのための新しいカリキュラム開発〈第3巻〉総合的な学習を充実させる―特色ある学校づくりのための新しいカリキュラム開発』ぎょうせい
西村和雄、松田良一、筒井勝美『どうする「理数力」崩壊―子どもたちを「バカ」にし国を滅ぼす教育を許すな』PHP研究所
西村和雄、戸瀬信之編訳、アメリカ教育省他『アメリカの教育改革』京都大学学術出版会
日本教職員組合、長尾彰夫編『どうなる、どうする。世界の学力、日本の学力』アドバンテージサーバー
広田照幸『教育―思考のフロンティア』岩波書店
山田昌弘『希望格差社会―「負け組」の絶望感が日本を引き裂く』筑摩書房
読売新聞社会部『教育再生』中央公論新社
吉崎静夫『新教育課程で育てる学力と新しい授業づくり』ぎょうせい
和田秀樹『小3までに「勉強グセ」をつける法―親の「教育力」次第で子どもの学力はいくらでも伸びる！』こう書房
和田秀樹『基礎学力を身につける算数ドリル―ゆとり教育に負けない！名門校の受験生に負けない！』PHP研究所
和田秀樹『公立小中高から東大に入る本―本当の学力が身につく勉強術』幻冬舎

2005年

教育情勢と学力問題	主な学力調査
1月　中山文相が、低学力を理由に「総合学習」を削減すると発言 文科省は、2003年度「高等学校教育課程実施状況調査」（地歴、公民）	

の結果を公表 2月　文科省審議官「生活科」見直しを発言 中山文相は教育課程の基準全体の見直しを中教審に提示 3月　前年実施の4県統一学力テスト結果が公表される 4月　文科省は、2003年度「小中学校教育課程実施状況調査」の結果を公表した。同一問題での比較の結果、正答率が上回るか同程度だったものが8割を超え、好調だった 文科省調査によると、自治体独自の小・中学校学力調査は、2004年度段階で39都道府県および11指定都市で実施されており、うち24都道府県および7指定都市では悉皆調査（全員が対象）である 9月　文科省が2007年度から『全国学力テスト』を実施する方針を固める	10月　4県統一学力テスト実施 11月　文科省は、2005年度「高等学校教育課程実施状況調査」を実施。新指導要領の定着度を見るもの

主要文献

Expanding Opportunities and Building Competencies for Young People : A New Agenda for Secondary Education. World Bank.

OECD/OECD教育研究革新センター『図表でみる教育―OECDインディケータ(2005年版)』明石書店

内田勝『人知るや学校―学力も道徳も生命を失う、授業者は権力の重石に喘ぐ、これで何ができようか』郁朋社

梅原利夫、小寺隆幸『習熟度別授業で学力は育つか―未来への学力と日本の教育』明石書店

岡部恒治、西村和雄『子どもの学力を回復する―算数自学自習への道：チャートBOOKS』数研出版

教育科学研究会編『なぜフィンランドの子どもたちは「学力」が高いか』国土社

陰山英男『子供は無限に伸びる―「陰山学級」学力向上物語』PHP研究所

陰山英男『徹底反復プレ百ます計算―陰山メソッド：百ます計算をはじめる前にとりくむ本！』小学館

陰山英男『陰山英男のIQティーチャー』IEインスティテュート

陰山英男『学力の新しいルール』文藝春秋

陰山英男『学力はこうして伸ばす！』学研

梶浦真『学力裁判―子どもの学力のどこが壊れたのか』教育報道出版社 『季刊・教育法』144号、特集「ゆとりで学力は低下したか」 『教育評論』6月号、特集「『学力問題』を考える」 久冨善之、田中孝彦『希望をつむぐ学力―未来への学力と日本の教育』明石書店 国立教育政策研究所編「理科教育の国際比較―TIMSS2003国際数学・理科教育動向調査の2003年調査報告書」ぎょうせい 国立教育政策研究所編「算数・数学教育の国際比較―TIMSS2003国際数学・理科教育動向調査の2003年調査報告書」ぎょうせい 佐藤洋作、平塚眞樹『ニート・フリーターと学力―未来への学力と日本の教育』明石書店 志水宏吉『学力を育てる』岩波書店 庄井良信、中嶋博『フィンランドに学ぶ教育と学力―未来への学力と日本の教育』明石書店 『世界』5月号、特集「競争させれば学力は向上するか」 辻井正『PISA ショック－学力は保育で決まる』オクターブ 長尾彰夫『学力保障と人権教育の再構築―21世紀型授業づくり』明治図書出版 仲本正夫『新・学力への挑戦―数学で新しい世界と自分が見えてくる』かもがわ出版 長山靖生『不勉強が身にしみる―学力・思考力・社会力とは何か』光文社 人間教育研究協議会編『真の学力向上のために』金子書房 パンクリエイティブ編『早期教育と学力、才能を考える―してよいこと、よくないこと：子どもたちの幸せな未来―「自然流とシュタイナー」子育て・幼児教育シリーズ（5）』ほんの木 平井雷太『セルフラーニングどの子にも学力がつく』新曜社 ピーター・フランクル『学力を伸ばす「親力」－今すぐできる家庭教育34のヒント』実業之日本社 福田誠治『競争しなくても世界一―フィンランドの教育』アドバンテージサーバー 堀尾輝久『地球時代の教養と学力―学ぶとは、わかるとは』かもがわ出版 堀尾輝久、小島喜孝編『地域における新自由主義教育改革―学校選択、学力テスト、教育特区』エイデル研究所 論文集編集委員会編『学力の総合的研究』黎明書房 山内乾史、原清治『学力論争とはなんだったのか』ミネルヴァ書房 和田秀樹『私の愛国教育論――日本国民の富と誇りを守るために』PHP 研究所

2006年	
教育情勢と学力問題	主な学力調査
	7月　PISA2006

主要文献

21世紀 COE プログラム東京大学大学院教育学研究科基礎学力研究開発センター編『日本の教育と基礎学力—危機の構図と改革への展望』明石書店
秋田喜代美、石井順治編『ことばの教育と学力—未来への学力と日本の教育(4)』明石書店
安野功『学力がグングン伸びる学級経営—チームが育てば選手は伸びる』日本標準
陰山英男、和田秀樹『学力をつける100のメソッド』PHP 研究所
国立教育政策研究所教育課程センター『平成15年度・高等学校教育課程実施状況調査報告書』(地理歴史、公民) 実教出版

福田誠治（ふくた・せいじ）
1950年岐阜県生まれ。東京大学大学院教育学研究科博士課程修了。現在，都留文科大学文学部比較文化学科教授。
主な著書に，『人間の能力と人格』（文化書房博文社），『人間形成からみた比較文化』（北樹出版），『子育ての比較文化』（久山社）『競争しなくても世界一』（アドバンテージサーバー），共著に『記憶の比較文化論』（柏書房），『世界の外国人学校』（東信堂），『競争しても学力行き止まり』（朝日選書）などがある。

朝日選書 797

競争やめたら学力世界一
フィンランド教育の成功

2006年 5 月25日　第 1 刷発行
2008年 4 月30日　第 9 刷発行

著者　福田誠治

発行者　矢部万紀子

発行所　朝日新聞出版
〒104-8011　東京都中央区築地5-3-2
電話　03-5541-8832（編集）
03-5540-7793（販売）

印刷所　大日本印刷株式会社

ISBN978-4-02-259897-4
定価はカバーに表示してあります。